一年じゅう緑にあふれ、季節を問わず花が咲き乱れる……
本書を手に取ってくださったみなさまは、
そんな庭に憧れていらっしゃるはず。
でもきっと、さまざまな悪条件に悩まされているのでは？

土地が狭い。
植物を植える場所が少ない。
日が当たらない。

これらの〝悪条件〟を前に、
あきらめかけていらっしゃる方も多いことでしょう。
でも、実は本書でご紹介した素敵な庭は、みんな小さな庭。
工夫を凝らし、数々の失敗を乗り越え、
家族はもちろん、訪れる人や道行く人も楽しめる庭を
つくることに成功しています。

土地の広さは変えることができません。
でも、植栽スペースをふやすことはできます。
立体感や奥行きを出すことで、広く見せることもできます。
さあ、本書をお手本に、あなたの小さな庭を
緑豊かな美しい庭に生まれ変わらせてください。

狭い場所や駐車場に玄関脇、
ベランダで楽しむガーデニング

小さな庭を自分でつくる
簡単アイデア

Prologue

Contents

Chapter 1
狭い場所では空中もガーデンデザインに取り入れましょう!
08 小さな庭を素敵に見せるなら「視線を上へ!」

Chapter 2
玄関・細長い場所・駐車場・壁面・フェンス・階段など
24 あなたの住まいにもきっとある「小さな庭」

Chapter 3
土がなくても「庭」を楽しむことはできる
51 コンテナを駆使してベランダをオアシス化

Chapter 4
育てる喜び・眺める楽しみ・食べる満足!
73 おしゃれな野菜畑・ポタジェで収穫に挑戦

Chapter 5
小道・アーチ・パーゴラ・フェンス・ラティスなど
83 小さな庭を盛り上げる
見せ場をつくるテクニック

Chapter 6
憧れの造作もDIYで実現できる!
97 ガーデニングの基本を
イラストで学ぶ

Chapter 7
春夏咲き・秋冬咲き・バラ・多肉植物・ハーブ・
グラウンドカバー・花木&庭木
113 小さな庭におすすめの
初心者でも育てやすい植物図鑑

COLUMN
06 ガーデニング用語集
22 ガーデンプランニング
48 ガーデンカレンダー
70 病気と害虫

Q&A
50 土について
ソボクな疑問に答えます
72 少しでも手間がかからない
庭の管理法とは?
82 日本の高温多湿な環境でも
植物を元気に育てるためには?
96 あなたの「困った」を
解決できるかも!

COLUMN

ガーデニング用語集

GARDENING KEYWORDS

本書に登場する庭づくりのキーワードをわかりやすく紹介します。

ガゼボ
東屋のこと。屋根付きの小さな休憩所。ツル性植物を誘引すれば、ロマンチックな空間に盛り上げてくれる。

客土《きゃくど》
草花の育成に向かない土や不良地盤を土壌改良するために、土を取り除いてほかの土と入れ替えること。入れ替えに適した良質な土を指すことも多いので、用土と呼ばれることも。

苦土石灰《くどせっかい》
マグネシウム分を水溶性マグネシウムとして3.5%以上含む石灰質肥料のこと。ドロマイト、またはドロマイト質石灰岩が原料。そもそも植物は中性からアルカリ性を好むが、日本の土壌は酸性寄り。そんな土をアルカリ性に傾けて改良するために使われる。苦土と呼ばれるのは、マグネシウムがなめると苦いため。

グラウンドカバー／グラウンドカバープランツ
茎や枝を横に伸ばして、土の表面を覆うように育つ植物。アイビー、ツルニチソウ、ワイヤープランツなど。

群植《ぐんしょく》
広い面積に同種類の株をたくさん植えること。小さくて目立たない植物を引き立ててくれる効果がある。

高木《こうぼく》
庭木の場合、3mを超えると高木と呼ばれる。低木は樹高 1.5 m以下で、シュラブとも。中木は樹高 1.5～3m。

小屋／ガーデンシェッド／ガーデンハウス
道具の収納に使われるが、同時にフォーカルポイントにもなるので、小さな庭でも人気な構造物に。

さ行

シェードガーデン
日陰の庭のこと。アジサイ、クリスマスローズなど日陰でも育つ花木、宿根草、球根類に向いている。

あ行

アーチ
弓形の構造物。ツル性植物を絡ませて庭のポイントにする。

赤玉土《あかだまつち》
赤土をふるって粒子をそろえたもの。通気性や排水性に優れるため、庭の土質改良のほか、鉢植えや挿し木の用土にも使われる。

アプローチ
門から玄関への通り道。小さな庭では曲線がおすすめ。

エクステリア
外構のこと。インテリアの対義語。玄関まわりや門、塀、駐車場などを指す。小さな庭の舞台である。

LED《エルイーディー》
Light Emitting Diode の略で、発光ダイオードのこと。長寿命、低消費電力、省資源、低紫外線、低赤外線と、私たちの暮らしに欠かせない光源。熱をもたないことから、ガーデンライトとしても人気。LED ソーラーライトは、日中、ソーラーパネルが太陽光を浴びて内蔵の充電池に蓄電し、夜になるとセンサーが反応して自動で点灯する照明器具。つまり電気代ゼロで、自動的にそして安全かつ幻想的に明かりをともしてくれる。

オベリスク
庭でツル性の植物を這わせるのにぴったりな、先端が尖った塔の形をした柱状の支柱。立体的な構造物で、凝った飾りがあしらわれている。小さな庭のフォーカルポイントに。

か行

化成肥料《かせいひりょう》・化学肥料
肥料はその素材により、有機肥料と化成肥料に分けられる。前者は、酒粕や魚粉などの植物・動物性の有機物を原料としたもの。後者は、鉱物などの無機物を原料として、窒素、リン酸、カリを化学的に配合した肥料。大半が粒状。有機肥料より速効性が高く、持続性は低い。過剰使用すると、「肥料やけ」が起きやすい。

フロントガーデン
アプローチなど、門扉から玄関までのスペースの庭や、道路に面して作られた花壇のこと。前庭・フロントヤードとも。

ボーダーガーデン
生け垣や壁に沿う細長い帯状の花壇のこと。ガーデンデザインでは、草丈の高い植物を奥に植え、手前になるにつれて低い植物を植えることにより、立体的に見せるのが基本。高低差や色合いの変化を楽しむイングリッシュガーデンでおなじみ。

ま行

マルチング
草木の防寒や乾燥防止のため、株元にワラやバークチップ（松などの樹皮を砂利状にしたもの）、ウッドチップを敷くこと。養生。

目地《めじ》
レンガを積んだり張ったりしたときの継ぎ目のこと。

モルタル
セメント、砂、水を混ぜ合わせて作る建築材料。塗り壁の材料やレンガを積むときの目地、オブジェの材料として使われる。最近はブロック塀など見せたくないものを隠すために塗り、新たに形を作り出すために使われることも多い。モルタル造形とも。

や行

誘引《ゆういん》
ツル性植物を支柱や壁面、そしてパーゴラやアーチなどに絡ませること。植物の休眠期に行うと、比較的作業がしやすい。

有機肥料《ゆうきひりょう》
化成肥料を参照。

用土
赤玉土や鹿沼土など植物の栽培に適した土。

ら行

ランナー
地面を這って伸びる茎のこと。ほふく茎とも呼ぶ。切っても独立した株として成長する。

レイズドベッド
レンガや石を積み上げて、地面より高い位置につくった花壇。

下草《したくさ》
樹木や背の高い植物の根元に植える草花。日陰・半日陰に強い植物がおすすめ。

雑木《ぞうき》
主に落葉広葉樹を雑木と呼び、庭に風情を与えてくれる。建築資材として使われないため、邪魔もの扱いだった時代も。

た行

ツル性植物
ツルバラなど細い茎を構造物などに巻きつけ成長する植物のこと。

テラコッタ
釉薬などを使わない、素焼きの鉢や置物のこと。なお、テラコッタの鉢やプランターは、通気性や排水性が高いため草花の生育に適しているが、カビや苔がつきやすい欠点も。

土壌改良《どじょうかいりょう》
排水性、保水性、通気性をよくして、植物の生育に合った土に改良すること。客土とも呼ばれる。

トレリス／ラティス
格子付きのパーテーション・フェンス・衝立のこと。ツル性植物の誘引や適度な目隠しにもぴったり。

な行

根腐《ねぐさ》れ
水や肥料を与えすぎたり、根の周囲の通気性が悪いために、根が腐ってしまうこと。

は行

パーゴラ
格子に組んだ日陰棚。ブドウ棚。ツル性植物を這わせる。

培養土《ばいようど》
赤玉土や腐葉土などをあらかじめブレンドした植物の栽培用の土のこと。初心者向き。

ピンコロ石
約９㎝四方の御影石の立方体のこと。レンガのように石畳にしたり、花壇をつくるのに使用。

フォーカルポイント
花壇や構造物、シンボルツリーなど、庭のなかで視線を集める、あるいは集めたいポイントのこと。フォーカルポイントを上手につくることで、メリハリと統一性が生まれる。

Chapter 1

小さな庭を素敵に見せるなら「視線を上へ」!

狭い場所では空中もガーデンデザインに取り入れましょう!

10㎡の庭
齋藤邸

悩み
- 近隣との距離が近い
- ブロック塀が悪目立ち
- 家の正面にカーポート

ここでご紹介する3つの実例は、
花が咲き誇り一年じゅう緑豊かな庭です。
きっと、日光がさんさんと降り注ぎ、
広々とした庭に見えることでしょう。
条件がそろっていたらわが家だって……
と嘆かれる方も多いと思います。
でも、この3軒のみなさまも、小さな庭の主。
少しでも広く見せようと知恵を絞って、
今の庭を手に入れました。
その成功の秘訣をうかがうと、
みなさま口をそろえてアーチやパーゴラを絶賛。
土地を広くできないなら、
空中も庭のデザインに取り込んでしまおう!
そのアイデアを可能にするため、
視線を上に向けさせる工夫を施しているのです。
さっそく、数々の工夫が施された庭を
ページをめくって訪ねてみましょう。

豪雪地帯の90㎡の庭

平岡邸

悩み

- 北海道にしては狭い
- 住宅地の一角で日当たりが悪い
- 冬は雪で埋まる

16㎡の庭

岸邸

悩み

- 植栽スペースが少ない
- カーポートが悪目立ち
- 強風にさらされる

01
10㎡の庭
齋藤邸

小さな庭だからこそ あえてアーチをたくさん置き 立体感を生み出したローズガーデン

1 薄紫のグラデーションがきれいなナスの花に似たツルハナナス。「小さな花が房になり愛らしいの」。2「ポールズ・ヒマラヤン・ムスク」が、カーポートの屋根を覆う。ツル性で花期が長く、咲くのが待ち遠しい花のひとつ。

DATA
群馬県／10㎡／3方に密接した隣家／建売住宅／ガーデニング歴5年／ブロック塀が悪目立ち・隣家と近い・家の正面にある駐車場・カーポートなどが悩みの種

空から舞い降りたかのように咲き競う、薄ピンクの「ポールズ・ヒマラヤン・ムスク」。道行く人も足を止め感嘆の声をあげます。ただ、この庭の主・齋藤さんは、「実はこのバラは、カーポートの屋根の目隠し役なんですよ」と、苦笑。「あとから屋根付きのカーポートを建てたんですが、悪目立ちしていたんです」

そんな齋藤さんが、ガーデニングに本腰を入れたのはわずか5年前。インスタグラムを始め、数々の庭の素晴らしさに触発され、庭づくりに本腰を入れました。でも、なぜ難しいバラを選んだのでしょうか？

「14年前、新居購入のお祝いに母がバラの接ぎ木をくれたので、庭に植えてみたらグングン育って。それはそれはきれいだったんです！」

ところが、いざ庭づくりに着手すると、問題点が出てくる出てくる。「庭の4分の3がコンクリートの駐車スペースで、メインガーデンは3畳ぐらい。おまけに、日当たりが悪くて」。何より、半透明の屋根がついたカーポートと味気ないブロック塀があったのでは、憧れのローズガーデンにはなりません。そこで齋藤さんが考え出した策とは――。

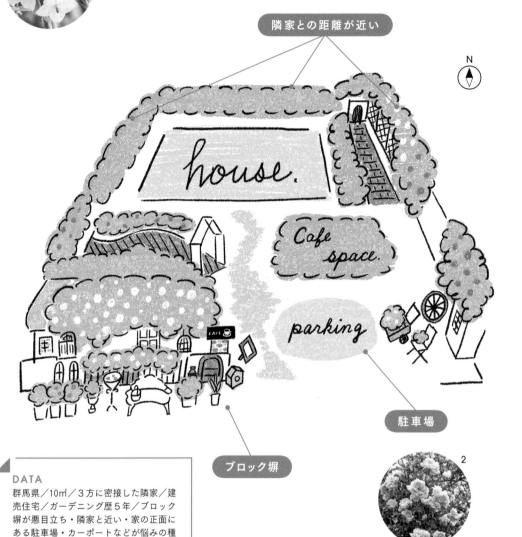

ブロンズ色の縦格子のある塀が、かつてブロック塀だったところ。オフホワイトのモルタルを塗って、バラが似合う塀に変身させた。

ブロック塀をモルタルアートで完全カバー

この白い小さなパーゴラは、高さ50㎝ほどのパーゴラ付きプランター。次は何を絡めるか想像するのも楽しみ。

古い木のドアかと思いきや、これもモルタル造形で作ったもの。古いミルク缶を添えて素朴なシーンに仕上げた。

門柱と鳥の巣箱はモルタル造形でこしらえたもの。「モルタル造形を始めて、庭づくりの幅が広がりました」

悪条件だらけの庭を劇的に変えたのは、モルタル造形でブロック塀を塗り隠し、カーポートの屋根をツルバラで覆い、アーチ使いで奥行き感と目線を上げるという演出でした。メインガーデンにアーチを5台とパーゴラを1台。通路の入り口にもアーチを1台。昨年には、DIYで作った屋根付きベンチ・シーティングアーバーが仲間入りしています。

そこにバラとクレマチスを絡ませた作戦は大正解。こぼれんばかりに咲き誇るさまを眺めていると、目線は自然と上がっていくのです。

「しかも、アーチの先に何があるんだろうって想像もふくらむので、狭さも感じないと思うんですよね」

いちばんのネックだったブロック塀にはモルタルを塗り、さらにドアを造形することで変身させました。

「モルタル造形はほぼ独学で学び、小物も作れるようになりました」

このモルタル造形の小さなドアからは、今にも懐中時計を手にウサギが出てきそうです！

「そう思ってくれたらうれしい。子どもに絵本を読み聞かせしてきたせいか、庭のあちこちに物語を感じるシーンをつくるのが好きだから」

白いパーゴラ付きベンチ・シーティングアーバーと濃いピンクの「アンジェラ」がつくり出すフランスの田舎の庭を彷彿とさせる風景。

カーポートの上も下も植栽スペースに

「土のある庭から駐車場を見たところです」。バラの肥料は伊勢崎市にある「ローズガーデンカネコ」の金の肥料を愛用。

バラに埋もれている、黒いL字に曲がった柱が、カーポートの屋根の部分。現在、カーポートは、資材置き場や休憩所に。

アーチ使いとモルタル造形、そして木工で小さな庭の印象をガラリと変えた齋藤さん。愛らしい庭を眺めていると思わず笑みがこぼれます。

「実は、植栽では失敗を繰り返しました。最初に植えたバラがたまたま育っただけ。買ってきた苗をすぐに植えて枯らしましたし、地植えできる土の部分はあまり日が当たらないので、育たない植物も多くて」

　そこで、赤玉土、腐葉土、堆肥を入れて土壌改良。バラは2〜3年ほど鉢で育てて丈夫にしてから、地植えすることにしました。さらに日当たりが悪いところでも育つ植物を探し、土とコンクリートの境にほふく性のグリーンを植え、境目を隠しながら緑もりもりの庭に。

「コンクリート面の駐車場にも花が欲しかったので、鉢植えで育てています。椅子や雑貨を鉢の手前に置いてカムフラージュすれば、地植えに見えるんです。鉢植えは植え替え作業が力仕事になりますから、本当は地面に植えたかったんですけど」

　さらに、齋藤さんは、家とフェンスの間の細い通路への入り口に、アーチを立てました。そこにツルバラを絡ませ、隣家との間になるフェン

隣家との境には、トレリスとモルタル造形の窓を

幅120cmほどの小道の光景。アーチを立て、トレリスとモルタルの窓で隣家との間にあるフェンスを目隠ししている。

アーチを奥と手前に2台設置したことで、より奥行きを感じさせる庭に。隣家も見えにくくなり、「一石二鳥です」。

「アーチにバラを絡ませ、空間を生かした立体的な演出を施し、S字の小道の相乗効果でさらに奥行き感を出しました」

スに板壁をこしらえ、モルタルでフェイクの窓も製作。足もとにはレンガを敷いて……。これなら歩を進めるのが楽しくなりますね。

「特にアーチの効果は絶大です。花が絡まると華やかになり、奥行きを感じることができるので、わが家の庭になくてはならない存在です」

車輪やさびたジョウロ、モルタルでこしらえた小さな家などの雑貨もやさしさを添える齋藤さんの庭。

それにしても何種類の草花が育っているのでしょうか。日を浴びて輝いて咲く花々を眺めていると、ここが10㎡ほどの小さな庭だなんて忘れてしまいそう。花へのあふれんばかりの愛を語る齋藤さんを、丹精した花たちがやさしく包み込んでいます。

Message

狭く、日当たりが悪い庭でも、アーチを立ててツル性の植物を育てるとバラに日光がよく当たるようになるし、自然と目線が上に向くので、花が咲くと庭一杯に咲いているように感じます。日当たりがイマイチな足もとは、雑貨をあしらって楽しい雰囲気をつくれば寂しい感じはしません。わが家の場合、壊せないブロック塀はモルタルを塗って覆いましたが、板壁で囲うなどの工夫をすれば景色はつくれます。カーポートの屋根もツルバラで隠せますよ。

02

豪雪地帯の
90㎡の庭
平岡邸

冬は雪で埋まるなどの悪条件も背の高い構造物で楽しい場所に

1純白のシルクのドレスのような大輪の花は、「アナベル」。庭に気品をもたらすアジサイの一種。**2**宝石のような紫色をした「ミケリテ」は、遅咲きで大輪のクレマチス。「差し色にも主役にもなれるボリュームの花です」

DATA
北海道の豪雪地帯／90㎡／ガーデニング歴20年以上／周辺にくらべて小さめの庭・冬は雪で埋まるなどが悩みの種

　道路からはメインガーデンが見えない平岡さん宅。そこにつながる小道にはアジサイや木々が茂り、シックな雰囲気を醸しています。この先にいったいどんな庭が待っているんだろうと期待でワクワクしていると「そんなに期待しないで。うちの庭は小さいんですよ」と平岡さん。

「北海道は土地が広いでしょ。だから広いお庭のおうちが多くて。でも、わが家は住宅地にあるからこのあたりでは小さいの」。しかも、「3方に家が建ち、南側に2階建ての家が迫っているから、ガーデニングに最適な環境とはいえないのよね」。

　ところが目前に現れた横長の庭では何種類もの木が育ち、アジサイやクレマチスが咲き誇る、まさに秘密の花園そのものです。「北海道の夏は短いから、一斉に咲くんです」

　平岡さんは美瑛の自然のなかで育ち、木や草花、鳥のさえずりが友達だったとか。「私が庭をつくりつづけるのは、趣味を通り越して元気の源だから。木や葉っぱ、花がないと息苦しくなっちゃうんです」

　そんな平岡さんの、住宅街の一角とは思わせない庭づくりの極意を、じっくり教えていただきましょう。

20年の間、木々が育って森の雰囲気を醸す庭へと続く小道。まだ見えぬメインガーデンへの期待で胸が高まる演出。

視線を上に向けさせて 空も庭の一部にしてしまう

草木のなかにひっそりと立つレンガ使いがおしゃれな立水栓は平岡さんのお手製。毎日の水やりが楽しくなる造作。

1 メインガーデンの窓辺を飾るのは、クレマチスのアーチ。「ピンクは『オドリバ』、紫は『リトルバス』、白は、『アルバラグジュリアンス』です」 **2** 小道の手前はコンクリート敷き。鉢植えで育てているとは思えない光景。

「そんな極意なんて大げさなことではないんですけれど」と謙遜する平岡さんですが、視線を空に向けさせる演出を大事にしているそう。

「地面が見えると、狭い敷地だといやおうなしにバレてしまいます。だから木をたくさん植え、視線が上に向くようにしています。広い空を庭の一部に取り入れるというわけ」

さらに、隣家との間に板壁を立てて隣家をさりげなく目隠し。板壁の近くに物入れや電話ボックスなど縦長の構造物を置き、視線を上に向けるようにしているのだと平岡さん。

「植物も緑もりもりな森に見えるように、塀の際に多く植えています。でも、庭の中央には植え込みはせず、あけておくのがポイント。開放感が出て、空間がより広く見えますから」

そういえば、道路からメインガーデンへ続く入り口に緑のアーチがあり、ゲートになっていましたが、「これは視界を狭めるのが目的です。通路や小道のような狭いところは手前で視界を狭めると、奥が長く感じるんですよ」。

さすが20年を超えるガーデナー歴、巧みに計算されていました。

庭の土を入れ替えてレンガの小道を

メインガーデンへと誘う小道もこつこつ作ってきたもの。「ずいぶん前にレンガとステップストーン（敷石）を敷きました」

水をためたバケツに２輪のバラを浮かべて。「雪深い北海道で咲いてくれたバラ。愛おしくて捨てられないです」

住宅街の一角、周囲を家に囲まれているとは思えない高原のような風景。木はツリバナ、スモークツリーなど16種類以上。

木々の葉、ピンクの「アナベル」、赤い実のルイヨウショウマが目を引くシックで落ち着いた雰囲気をまとった小道。

そういえば雪が2mも積もり、花が咲く季節が数カ月しかない北海道で、どうやったらこんなに花を咲かせることができるのでしょうか。

「ここはもともと田んぼだったところで、水はけが悪かったんです。腐葉土や鹿沼土を運んで盛り土してから植栽を始めたんですよ」

家の横の通路にあった砂利は、1個1個拾って取り去りました。さらに、レンガを敷いて小道をつくりエゴノキ、アジサイやバラと、たくさんの植物を植えていったのです。

「レンガの壁泉も立水栓もDIYで」

庭仕事ができる季節は、ほぼ毎日庭に出て作業していたとか。

「今みたいに、ホームセンターに何でも売っている時代じゃなかったし、作ってくれる人もいなかったから、頼りになるのは洋書だけでした」

そうやってつくり上げた庭でも、日当たりの問題や、土壌に合う合わないなどで育たない花もありました。「そういうときはいさぎよくあきらめて、この地に根付いた子を大事に育ててきました」

平岡さんにとってたいへんなのは、夏の終わりから始める冬支度です。

「木立性の花は剪定をしないと雪で

“花友”さんの来訪がモチベーションに

メインガーデンでひときわ目立つ電話ボックス。「洋書で見て、取り入れてみました」

1 平坦な庭に彫像を置いて、フォーカルポイントに。板壁はすき間を作り、風が抜けるように。**2** 電話ボックスにあしらった雑貨のなかには黒電話が。しゃれ心が効いていて、ここをのぞいた方は、思わず笑みをこぼすそう。

枝が折れてしまいます。ツルバラは、地面に這わせないといけないし。もう仕事がありすぎて」

　と言いながらも笑顔なのは、初夏になれば、“花友”さんの来訪が楽しみだから。自然と、モチベーションが上がるそうです。

「冬の雪は、本当に嫌で嫌で。曇天が続き、出歩けないし。でも、雪が溶けたら花友さんに会えると思って、毎年、乗り越えています」

　だからこそ、雪が溶けはじめ木々が芽吹き花がつぼみをつけだすのがひとしお待ち遠しいと平岡さん。そして4月、冬囲いをはずし、バラの誘引を始めると元気回復。花たちもその気持ちにこたえるかのように咲き競い、平岡さんはもとより、たくさんの花友さんを迎えます。

Message

小さい庭のわが家の場合、視線を地面ではなくて上に向かわせることが何より大事。木を植え、アーチや電話ボックスなど背の高い構造物を置いて、そのかわりメインガーデンの中央は開放感が出るように植栽はあまりしないのが私流です。わが家のように、どんなに小さくて狭い庭でも、日当たりが悪い庭でも、あきらめないでくださいね。アーチなどの力を借りて空間にツルバラやクレマチスを絡ませれば、たくさんの花を咲かせることができますよ。

03

16㎡の庭
岸邸

狭さ、日当たり、強風と庭づくりの障害が多い庭こそパーゴラを使いこなす

1 早咲きで大輪のクレマチスの代表ともいえる「ドクターラッペル」。**2** イングリッシュローズの「コンスタンススプライ」。大輪で香りも素晴らしい。**3** 真紅色がひときわ目を引くツルバラの「シンパシー」。

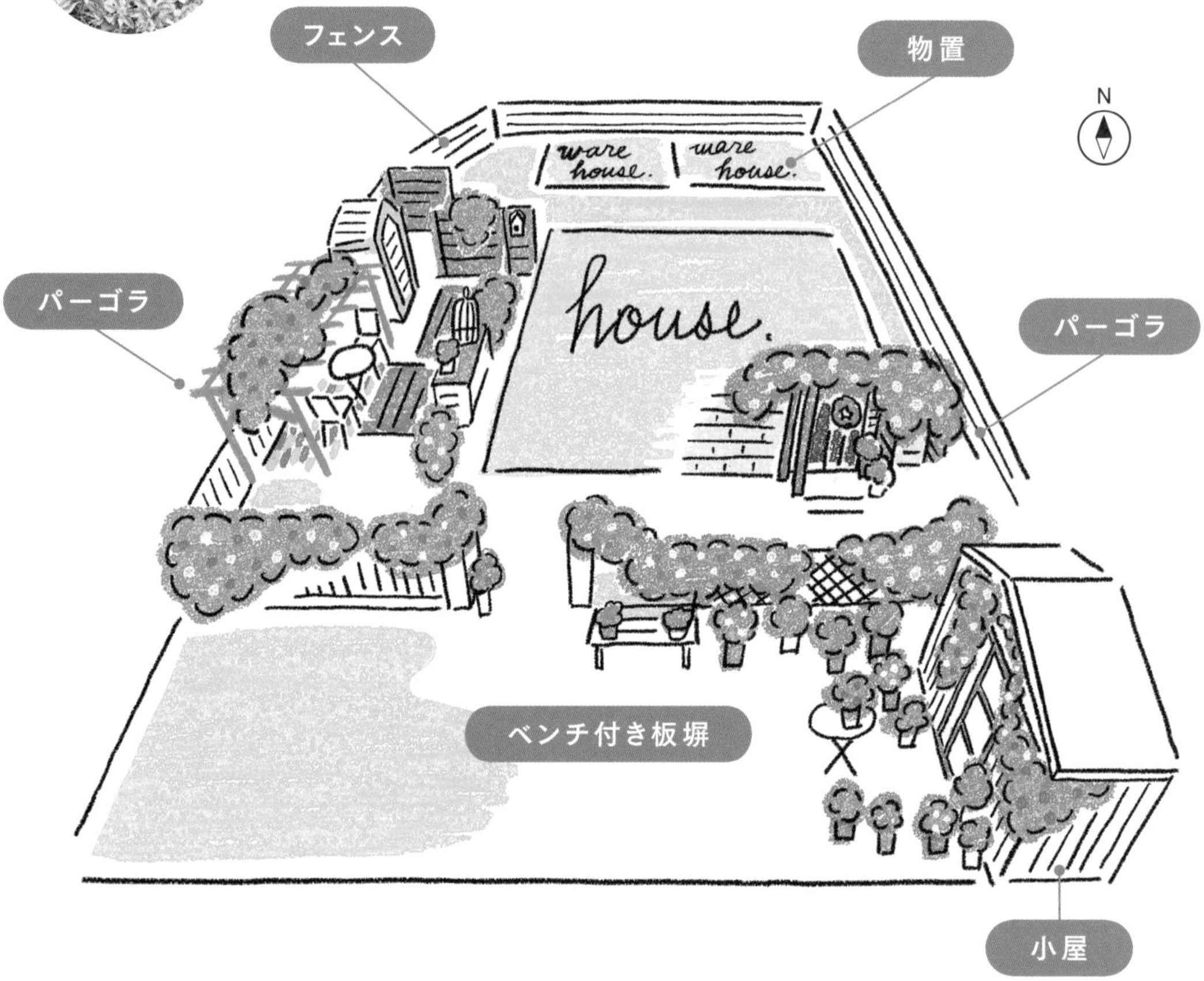

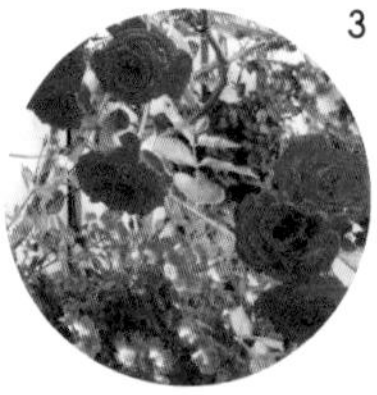

DATA
群馬県／16㎡／ガーデニングを想定していない築18年の住まい／ガーデニング歴10年／上州名物のからっ風と地植えできる場所が少ないのが悩みの種

ブルーのパーゴラに濃い紫色の「マニントン・モーブ・ランブラー」がひときわ似合う岸さん宅。「うちの庭といえるのはここだけなんです。16㎡ぐらいかな。小さいでしょ」

もともと家を建てたときはガーデニングに興味はなく、ハーブを少し植えていた程度だったそう。ところが、「10年前、友人に誘われてバラのイベントに行き、何の気なしに『アイスバーグ』の苗を買って植えたら、スクスク育ったんです。以来、花姿がよく、香りも素晴らしいバラにすっかり心を奪われてしまいました。「最初は、イングリッシュローズばかり植えていましたね」

でも、地植えができる庭のスペースには限りが。「ガーデニングに目覚めてから家を建てたのなら、もっと庭を広くつくったのにって悔やみました。敷地の半分を、しかも南側を駐車場にしちゃっていたんです」

そこで、地植え部分が少ないなら頭上の空間を使えばいいと発想転換。「パーゴラやネットを使ってツルバラやクレマチスなどを誘引すれば、空間が花いっぱいになるはず」

初めてのDIYにも挑戦しましたが、新たな問題が――。

パーゴラを作ったことで花が満開のイメージに

印象的な青色のパーゴラは『バラの庭づくり』（世界文化社刊・難波光江著）にヒントを得て作ったもの。

1 16㎡の庭にパーゴラを使って上空で「マニントン・モーブ・ランブラー」を咲かせれば、木立ち性のバラよりも花いっぱいの印象に。**2** 上州名物からっ風対策のルーバーフェンスが道路からの視線隠しにもなり、まるでシークレットガーデンの趣に。

「冬、『赤城おろし』というからっ風が吹くんですが、この風が西の庭を吹き抜けることがわかったんです。ガーデニングを始めるまでからっ風のことなんて意識したこともありませんでしたが、花には大敵です」

すでにパーゴラを立て、バラの誘引を始めていたので、早急に改善しなければなりません。そこで、思いきってからっ風の通り道に物置を置き、風よけにすることにしました。

「キットの物置を組み立てて庭の北側に置いたのですが、まだ強風が吹き抜けます。さらに木製のルーバーフェンスを庭を囲うフェンスにつけ、常緑樹も植えて風対策をしました」

でも、庭がローズガーデンという雰囲気に変わってくるにつれて気になってしかたがないのが、屋根がついたカーポートの存在です。

「悪目立ちするんです。庭の雰囲気が台無しになっちゃうんですよ」

家族と相談してカーポートを撤去。ご主人がガーデンシェッドのような小屋も作ってくれました。

「パーゴラもガーデンシェッドも、花を引き立てる名脇役。見どころを生み出してくれる、わが家の庭になくてはならない存在なんです」

白い板壁に色鮮やかなバラが映える自転車置き場を兼ねたガーデンシェッド。「わが家のフォーカルポイントになっています」

コンクリート面はコンテナガーデンに

ガーデンシェッドの前でも鉢で花を育てている岸さん。「いつか、駐車場のコンクリートを剥がしたいんですよね」

白いベンチ付き板壁を立て、ツルバラの「レオナルド・ダ・ヴィンチ」、クレマチスの「紫子丸《しじまる》」、「ジョセフィーヌ」などを誘引。

庭が狭い、からっ風が吹き抜けるなど、さまざまな障害を乗り越えてきた岸さんですが、花づくりでも苦戦を強いられました。

「バラがきっかけで庭づくりを始めたのでバラの本を何冊も読みましたが、理解するのに数年かかりました」

庭の土も植栽には向かなかったので、赤玉土、腐葉土、籾殻《もみがら》くん炭《たん》などを入れて土壌を改良しました。

「バラにクレマチスを添わせようとバラの根元にクレマチスの苗を植えたら、根がバラの根を覆い弱らせたことも。失敗は数知れません」

それでもあきらめなかったのは、「花の癒やし効果ですね。5月、宝石のように輝きながら咲いている姿を見ると心が華やぐんです」。

ホームセンターで誘引に使えるワイヤーメッシュを探し、やわらかい銅線をS字に曲げて茎を傷つけずに誘引させるワザも編み出しました。こうして花への愛情が日に日に増し、いつしかわが子のような存在に――。「気がつけば庭づくりを始めて10年たち、お気に入りのガーデンショップもできました。旅行に行くときは、花めぐりやガーデンめぐりが旅の目的になっていたりすることも」

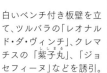

狭くても工夫を凝らして見せ場をつくる

構造物で見どころを新たに生み出す

1 もともとの縦格子フェンスにワイヤーメッシュを取り付け、S字に曲げた銅線を使い、「ピエール・ド・ロンサール」などのバラを誘引。**2** 肥料は、マルチングに欠かせない、馬糞堆肥を愛用。「鉢植えでもきれいに咲きますよ」

ツルバラの「トレジャートロープ」、「ポールズ・ヒマラヤン・ムスク」が咲く玄関まわり。「ツルバラ以外は鉢で育てています」

家族とキャンプに行っても花ばかりに目が行くように。花を育てはじめてから、すっかり花が中心の暮らしになったと笑います。

そんな岸さんが心待ちにするのがバラが咲く5月ではなくて、4月。「私はほとんど農薬を使わないので、無事に新芽が伸びて蕾をつけ、今年も咲いてくれると確信できたときはうれしくて。1年間地道に世話をしてきたことが報われた瞬間です」

このときばかりは、満開時より満足度が心を満たすのだそう。そして待ちに待った5月。青いパーゴラの下に立つと、大好きな「マニントン・モーブ・ランブラー」、「ジプシーボーイ」などのバラがシャワーのように降り注ぎます。その光景は、まるで岸さんへのお礼のようです。

Message

わが家の庭は本当に小さいんです。でも、パーゴラを立てツル性のバラやクレマチスなどを誘引すれば、空中で花満開になります。また、地植えの部分が少なくても、鉢に植えたまま誘引することができるのでパーゴラ使いは本当におすすめです。それに鉢使いなら、根が張り、ほかの植物を枯らす心配もありません。花期の違うものを何種類か誘引すれば、長い時間花を楽しむこともできます。鉢を目立たせたくない場合は、鉢の前に雑貨を置くといいですよ。

COLUMN

ガーデンプランニング

GARDEN PLAN

いざ、ガーデニングを始めるといっても、まず何から着手すればいいのでしょうか。
相手は植物という命あるもの。思いつくままに手がけているのでは先行きが不安です。
どんな庭をつくるかイメージができたら、段階を踏んで準備を始めましょう。

Step 1

まずはお手本を見つけましょう

「わが家の庭を素敵にしたい！」「もっと緑あふれるなかで暮らしたい」と思って本書を手に取ってくれたみなさま。どんな庭をつくりたいか、具体的なイメージはできていますか？　植物を弱らせないためにも、地植えを始める前に、イメージを具体的に描きましょう。本書に掲載された写真を筆頭に、園芸書で「こんな庭をつくりたい」と思うのもよし、オープンガーデンに出かけてインスピレーションを受けてくるのもよし。具体的にイメージを固めましょう。

Step 2

庭で何をしたいかを決めます

オープンガーデンをやってみたい、カフェコーナーをつくりたい、ポタジェなどで収穫してみたい、子どもやペットが遊ぶ場所にしたい、バーベキューで盛り上がりたい……。それによって、何をするべきか変わってきます。また、車や自転車を置く場所が必要な場合もあるでしょう。庭はひとりだけのものではありません。家族からもヒアリングして、意見をまとめてください。のちのち水やりやDIYで協力してもらうためにも、家族の意見は大切です。

Step 3

庭を図面化しましょう

庭の寸法をなるべく正確に計測してください。広さだけでなく形、方位、隣家の建物との位置関係を把握して、図面に描き起こします。もし家を建てたときの図面が残っていれば、それを使うと便利です。次に、この図面にアバウトでいいのでエリアを分けて、小道を敷く場所やパーゴラを設置する場所を描き入れてください。このとき、カラフルに着色するとイメージしやすいです。この図面は10枚以上は繰り返し描くことで、精査していってください。

Step 4

具体的に何をプラスするか想像します

具体的なビジョンが定まったので、庭にどんな施工をするかを決めます。最初にベースカラーを決めるといいでしょう。植物の葉や花が映える背景、たとえば板壁やフェンスなどの色は、庭のイメージを大きく左右します。図面にベースカラー、さらにアクセントカラーを描き入れてください。その色に合わせて、小道やパーゴラ、フェンスなどの色、素材を決めます。特に構造物については腐りにくいなどの素材の機能性にも注目してください。

Step 5

植物を選びます

いよいよ、植物の出番。最初に、シンボルツリーともいえる、庭木を決めます。小さな庭だから庭木は不要とは思わないでください。狭いからこそ、庭を立体的に見せてくれる庭木を少なくとも1本は取り入れたいものです。次に、日照条件などを参考に、エリアごとに草花を決めます。すき間を見逃さず、植栽スペースにしましょう。最後にグラウンドカバーで図面から土の表面が完全に覆われたら、プランニングは終了です。さあ、庭づくりを始めましょう！

Chapter 2

玄関・細長い場所・駐車場・壁面・階段など

あなたの住まいにもきっとある「小さな庭」

あなたの住まいや敷地のすみずみを見まわしてみてください。
実は、花壇や「小さな庭」になる場所はそこかしこにあります。
ここでは、狭いスペースでもガーデニングを心から満喫している
みなさまの「小さな庭」をごらんいただきましょう。
土いじりや華やかな眺めを楽しめるだけではありません。
実際のスペースよりも広く見せる視覚効果まで！
あなたの住まいでも
きっとこんな「小さな庭」をつくることができるはず。
そのヒントを見つけてください。

TYPE C 駐車場・カーポート

▶▶▶ P.34

駐車場スペースは車の出し入れをしやすいように家の正面にあることが多く、庭づくりのネックに。しかも地面はコンクリート敷き。でも、両サイドの壁面を見逃さないで！

TYPE A 玄関・アプローチ・フロントガーデン

▶▶▶ P.26

家の顔ともいうべき玄関周辺は、道行く人にも目に入るので、手を抜けない場所。門柱のまわり、アプローチの両脇、壁面などがねらい目に。雑貨も使って立体的な演出を！

TYPE E 階段 ▶▶▶ P.42

階段も見逃せない「小さな庭」の候補に。両脇に鉢を置くだけではなく、壁面にツル性植物を絡めたり、蹴込みや踏み面などにチラリとのぞく土の部分に植え込みもできますよ。

TYPE G 地面 ▸▸▸ P.46

植栽スペースがまったくないという敷地は意外とないもの。足もとを見れば、土が少しだけのぞいているかもしれません。極小スペースでも、植物の存在感で庭のイメージが変わります。

TYPE H 借景 ▸▸▸ P.47

ちょっと視点を変えて、ご近所の庭や周辺の山林を庭として取り入れてみましょう。借景はもっとも手がかからない庭の楽しみ方。もちろん自宅の庭の観賞も窓から心ゆくまで楽しんで！

TYPE F 裏庭 ▸▸▸ P.44

家を建てた当初は、物置の設置場所と想定していたかも。きっと日の当たりも悪いのでしょう。でもそんな裏庭も、植える植物を選べば、小さな庭として生まれ変わります！

TYPE D 壁面・フェンス ▸▸▸ P.38

壁面はキャンバス！　ツル性植物で自由に「庭」を描いてください。隣家との境の塀も、植物の力で驚くほど華やかになります。ラティスで庭を区切れば、雑然とした印象の払拭に一役。

TYPE B 小道・園路・細長いスペース ▸▸▸ P.30

自宅と隣家との間の細いすき間。通路としてしか使わないなんてもったいない。パーゴラを設置して視線を上に向けることで広く見せたり、小道を敷いて奥行き感を演出するのにぴったりの場所。

TYPE A

玄関・アプローチ・フロントガーデン

家族を癒やし、お客様を迎え、道行く人も眺める場所

極小スペース×大きめの花台

玄関ポーチで、大胆にワゴンを使ってボリューム感を出したディスプレイ。限られたスペースだからこそ、あえてかさばる小家具を置いて緑豊かに。

グリーンや花を植えて13年目の玄関前スペース。レンガ塀を覆わんばかりに育っている。鉢をリズミカルにハンギングさせて、塀ののっぺり感を払拭。

壁を生かして高さを出す

玄関脇。白い板壁を立ててプミラとバラを這わせたことで、道行く人も楽しめる演出に。さらにプリンターズトレイに雑貨も飾って遊び心を。

階段脇や駐車場脇というごく限られた場所は、ボリュームの出る寄せ植えにしたことで、こんもりとした印象に。

道行く人も楽しめる多肉ガーデン

多肉植物が所せましと並ぶフロントガーデン。写真左では、木の根っこのくぼみに、耐寒性の強いセンペルビウム属の多肉を、固まる土「ネルソン」で植え込んでいる。

フェンスのないフロントガーデンでは、訪れる人だけでなく道行く人の視線も意識して。

鉢はまとめ置きすることで地植え風に

玄関まわりは土面がないケースが多いため、鉢植えの多用を。この際、鉢をギュッと集めて置くようにして、さらに鉢を雑貨でさりげなく隠せば、一見、地植えに見えるテクニックも参考に。

緑と花を常に欠かさない

早春のライラック、初夏はモッコウバラにラベンダーと、一年じゅう緑と花で彩られるよう計算された玄関まわり。

アーチを設けてツル性植物を

あえて駐車場の奥に門扉を設けて、秘密の花園のような演出に見せている。モッコウバラとブドウが絡まるアーチを抜けると、フェンスに囲まれた小さな庭に入るレイアウト。

土がなければ鉢を集めて緑の演出を

さびた椅子や個性的な鉢を並べた門柱まわり。あえてデザインの違う鉢を、高さを変えて配置したことで、目を引くディスプレイに。奥にちらりと見えているのはバラの花壇。

門扉から玄関に向かうアプローチやフロントガーデン、玄関まわりは、家の外からも見える場所です。住人のセンスを表現する〝マイホームの顔〟であり、街の景観の一部となるオフィシャルな役割もあります。

だからこそグリーンを絶やさずにいたいものですが、コンクリートなどで舗装されて土のスペースが少ない、もしくは土がまったくないケースも多々。そこで大活躍するのが、プランターや鉢。季節の草花を小さな庭のように寄せ植えすれば、華やかになるだけでなく、緑を愛する気持ちまで道行く人に伝わります。さらに、開花中の花鉢を順次置き換えていけば、一年じゅう花の絶えないコーナーにもなるでしょう。

またフロントガーデンを囲むフェンスには、「抜け」を設けることが大切。すき間なく高い塀は狭苦しい印象ですが、ほどよくすき間のある低めの板塀や、線で構成されたアイアンフェンスは、その先の広がりを感じさせます。そこに顔をのぞかせるように樹木や花を植え、アーチを設置し、ツルバラやクレマチスを這わせて花と緑のゲートにするなど、内部の緑豊かさを連想させる演出を。

高さのある雑貨をあえて門柱近くに

玄関前に、さびたワイヤーラックやオイルの容器などでポストをぐるりと囲んで。ラックは鉢を収納しつつディスプレイ。地面には砂利を敷き、雑草が生えてくるのを抑えている。

中に入った人だけが楽しめる演出

玄関前にあるこのガーデンスペースは、訪れた人だけが楽しめる地植えの花壇。オリーブを中心に、10種類以上の草花を植えている。立たせた枕木や大きい車輪で、高さを出した。

1mそこそこの高さの板塀から植物をのぞかせる

家の白壁、緑あふれる植物、鮮やかな青色のフェンスというコラボレーションが見事。四季を通じて植物が絶えない庭だからこそ、道行く人も楽しめるようにフェンスは低めに。

鉢植えだから季節ごとに入れ替えられる

門扉からアプローチには、草花や木々の緑がギュッと。実はほとんどが地植えではなくコンテナ。強風が吹きすさぶ立地のため、地植えは断念。こまめに入れ替え見ごろの鉢を前面に出す。

TYPE B

小道・園路・細長いスペース

日陰になりがちな細長い場所を見どころに

隣家とのすき間をプロヴァンスの森に見立てて

のどかな南仏・プロヴァンスの雰囲気を演出するために、白い洗濯物を。洗濯物も庭の小道具になるとは！小道は土のままにしたことで、よりナチュラルな趣。白い板塀は近所からの目隠し役。古いキッチン道具を飾ってシーンづくり。

道路からは見えない場所こそ腕の見せどころ

アンティークのブルーのドアも、庭の雰囲気をアップするための盛り上げ役。小道、パーゴラ、モッコウバラでプロヴァンスの小庭の風情に。庭づくりを始めてわずか５年でこの完成度！

小道を通るたびに楽しみなパーゴラ

庭に通じる小道に、DIYで作ったパーゴラが。それを覆うのは黄色の花を咲かせるモッコウバラ。小道とパーゴラは好相性。視線を上に向けさせ、訪れる人のワクワク感を誘う。

ベニヤ板と白いセメントの塀で隣家を目隠し

ベニヤ板と白いセメントで作った塀を設置。隣家からの目隠し役だけでなく、その下にはレンガの花壇も設けた。

細長い小さな庭と感じさせない趣向がそこかしこに。視線をどこに向けても楽しませてもらえる。植物はあまり手間をかけさせないものに限定しているそう。**1** 道路に面して設けられた板塀には、格子の小窓を設けてのっぺり感を払拭。**2** 地植えのミニ花壇はイエローストーンで囲んだ。緑×紫系の花で統一。**3** ミモザの木の下に、車輪や鳥の巣箱を据えて物語を感じさせる。

小道に沿う塀から植物がチラリ

1 フェンス沿いにブラックベリーやラズベリーを植えた。**2** フェンスに誘引されてこぼれるように咲き誇っているのは、花の形が時計の文字盤に見えることから名づけられたトケイソウ。

小道は曲線で奥行きを演出

細長い庭を実際より広く見せる演出のひとつ、小道。ゆるくカーブを描かせることで、より奥行きを醸している。ここは北側で日が当たりにくいため、日陰を好むアジサイなどを植えている。

あまり日が当たらない場所ではアジサイを

敷地ギリギリの細長いスペースを、レンガの小道とパーゴラで、アジサイが映えるガーデンに。アジサイは日陰に華やかさを生み出してくれるありがたい存在。

建物の周囲や通路、塀と道路の間の細長いデッドスペースなどは、「狭くてガーデニングできないから」と放置されがちですが、もったいない！ 少量でも土があれば「小さな庭」になること請け合いです。

狭く細長いスペースをガーデン化するときは、背の高い樹木や草花はNG。大ぶりな植栽との対比で、かえって狭さを強調します。低木や草丈の低い植物なら日ざしを遮らず、狭くても光が満ちて、明るく広々！

同じく造園資材も、大きな飛び石や石材より、小さなピンコロ石やレンガのほうがよくなじみます。通路は直線ではなくS字に。遠近感が生まれ、奥行きを感じさせます。

また家の周囲などは幅が狭く、ガーデニング作業がしにくい場合も多いため、ローメンテナンスを意識しましょう。セダムやタイムなど、強健で常緑を保つグラウンドカバープランツを育てれば、一年を通じて緑の絶えない空間になります。

そのほか、数年は植えっぱなしでよい宿根草や球根植物もおすすめ。日照条件が悪いなら、日陰に強い山野草で、しっとりとしたシェードガーデンに仕立てるのも手です。

裏庭への通路を小道にDIY

裏庭に通じる、壁と壁にはさまれた細い通路に、レンガを1個ずつ自分で敷いて、小道に変身させた。そこに、白からやがて紫色に変化する花を咲かせるツルハナナスを植えている。

道路際も「小さな庭」に

究極の細長い庭が、道路沿いのわずかなスペース。こぼれ種で育つ品種を選べば、手をかけずにもりもりと育ってくれる。ハーブなど日向を好む、丈夫な多年草がおすすめ。

細い庭も角度を変えれば一幅の絵画のよう

細長い庭も横から見れば広い庭に見える場合もあるので、窓からの景色も大切。**1** 本来は室内に置かれる家具・カップボードを収納兼ディスプレイに。**2** リビングから**1**の細い庭を望むと、広々としたローズガーデンに見える。

歩き幅が狭くなるほど草花でもりもりに

背丈のある草花とツルバラの間を縫うように進めば、奥のデッキへとつながる。手前の紫のバラは、「ブルーパフューム」。その奥の黄色は花つきと花もちがよい「ゴールデンボーダー」。

CHECK! 小道の作り方はp.102～109もCHECK

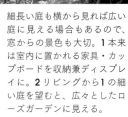

TYPE C

駐車場・カーポート

車や自転車の出し入れの邪魔にならないよう配慮を

車が出ると、あふれんばかりの草花が現れるインパクトを楽しめる駐車場ガーデン。地植えしているのは、夏から秋まで咲きつづけるユーパトリウム。板塀は施工会社が設置したもの。

駐車場から車が出たあとに一変するインパクトも見どころ

常緑種や花期の長いもの、多肉植物をメインに100種ほど植えている。車の出し入れの邪魔にならないように植栽。

駐車場のほとんどはコンクリート面。もともと設置されていたフェンスに板を張り、植物をハンギングしている。

寄せ植えの出番待ちの多肉植物を

駐車場という限られたスペースで出番待ちの植物を見せる演出に利用したアイデア。このラックには、多肉植物を集めている。近い将来、寄せ植えにしたり、地植えにしたり。

植物と雑貨を立体的に配置

1 駐車場脇という極小スペースでは、抜け感のあるワイヤーやアイアンのラックが大活躍。雑貨と植物をディスプレイ。**2** こちらは、高さが165cmもあるアーチ形のアイアンラックに、アイビーやユーパトリウムを絡ませて。ユーパトリウムは耐寒性多年草で、草丈50cm～２m。植えっぱなしで手間がかからないおすすめ品種。

コンクリートと石畳のすき間も「小さな庭」

コンクリートの際には、こぼれ種で育ったヘビイチゴ。茎が地面を這って繁殖する。４～６月にかけて、花径1.5cmほどの黄色い小花を咲かせる。

レンガを階段式に積んでステージに

右の写真の対面には、レンガを階段状に積んで、多肉植物のステージに。鉢はシャビーなものでテイストをそろえている。

奥行き50cm、長さ2mのすき間も見逃さない

隣家との境に板壁を立てて作った花壇は、奥行き50cm、長さ2mの細長いスペース。ツルバラはたった1鉢から8年でこんなに見事に！　咲き終われば上下に伸びたツルは剪定。横に広がるように仕立てている。

陰影も計算して

上の写真のレンガ塀には、古びた車輪を無造作に立てかけ、対面の板壁の趣と統一感を。地面に描かれた陰影も美しい。

立水栓＋ブロック

枕木に蛇口をつけて作った立水栓(p.92)の脇には、古びたブロックを立てて置いた。ささいだが、これも高さを出す演出。

駐車場を完全に庭にしてしまうのも手

地面に小石や枕木を敷いて、思いきって駐車場を庭に変身させた。白いフェンスに沿わせているのは、ツルバラの「ポート・サンライト」とノイバラ。コンテナではハーブを育てている。

1 家の正面にあった駐車場が見事にスモールガーデンに生まれ変わった。**2** 垣根には、フェスツカ・グラウカ。青みのある銀白色の細長い葉がこんもりと針山のように密生する。常緑性で、冬花壇のアクセントに人気。

駐車場やカーポートも、立派なガーデニングスペース。これから駐車場を設置するなら、一部に土を残して小さな庭をつくってみて。

駐車場と家やフェンスの間の細長い土面には、レンガやブロックを積んで、レイズドベッド（かさ上げ花壇）に。同時にフェンスを設置すると、満開のツルバラやジャスミンが咲き誇るウォールガーデンになります。花だけでなく、カラーリーフなど葉物のコーディネートも素敵。日当たりの悪い駐車場ならば、日陰に強いうえ、多彩な葉色を誇るヒューケラが〝適材適所〟です。

車輪がのる場所のみ舗装すれば、さらに駐車場のガーデニングスペースは拡大。背の低いグラウンドカバー、しかも花も楽しめるヒメイワダレソウやプラティアを育ててみて。

「うちはもう全面舗装しているから無理」という方もあきらめることはありません。ラティスや板壁を立てて、ハンギングで草花を育てる方法も。駐車の邪魔にならない場所に、雑貨やアンティークレンガを重ねたコーナーを設けるだけでも、花鉢や多肉植物の寄せ植えのステージにと、多彩に活用できます。

TYPE D

壁面・フェンス

壁面を背景にしたり、板壁で高さを出したり

壁面をキャンパスに見立てて、ラティス＋バラを

ラティス（フェンス・トレリス）は、ツル性植物やツタを絡ませるためのもの。壁面に立てかければ、植物をよりドラマチックに演出。**1** 丈夫で育てやすく、初心者にもおすすめのバラ「アンジェラ」。**2** こちらはアーチ×ラティス×バラの合わせ技。絡ませたのは「芽衣」。

はしごは作業用だけでなく演出の小道具としても

壁×ラダー×ツル性植物も人気の組み合わせ。**1** 白バラ「シティ・オブ・ヨーク」は、壁面やフェンスに向く育てやすい種。ラダーにもツルバラを這わせた。**2** この板壁は物置の目隠し役。そこにツルバラを誘引して、ラダーと合わせたことで、ジャンクな雰囲気を演出することに成功。

窓を囲むようにツルバラを這わせて

外壁を色鮮やかに彩る演出は、ツルバラの醍醐味。窓を囲むのは、ピンクの大輪「スパニッシュ・ビューティ」。写真右のアーチには、ピンクの「アンジェラ」と白の「サマースノー」。

ツル性植物に自由に曲線を描かせて

隣家との境に設けたフェンスにツルバラを這わせて。誘引はツル性植物を育てるときの、腕の見せどころ。想定外の曲線を描いても、それはそれで味が出るのも魅力のひとつ。

白壁をキャンバスに見立てて

のっぺりとした白壁こそ、小さな庭のステージにぴったり。車輪やベンチなどを立てかけて、コンテナガーデンを楽しむ場所に。実はここ、駐車場と壁の間の極小スペース。

フェンスや壁を利用したウォールガーデン。壁面をキャンバスに見立てて、絵を描くように草花をデザインできるのが醍醐味です。

まずは植物選び。フェンスや板壁に似合う植物の筆頭であるツルバラは、誘引の仕方によって面を埋めることもできれば、線描も可能です。

人為的にコントロールしにくいけれど、花期の長さやナチュラルな雰囲気に人気が集まるクレマチス。香りも花も楽しみたいと欲張るのならハニーサックル。収穫する喜びを与えてくれるのは、ブラックベリーやブドウなど。ガーデンイメージに合わせて選んでみてください。

またフェンスや板壁は、棚を取り付けたり、手前にアイアンのラックを置いたりすると、ショップ感覚で草花が飾れるポットガーデンに変身！　陶製の鉢はもちろん、空き缶をリメイクして男前風、素焼き鉢を並べて素朴なイメージにと、好みに合わせて鉢の花を選び、飾り、育てる楽しみが生まれます。

ハーブやミニトマトなどの野菜を鉢で育てるのもおすすめ。風通しがよく野菜が喜ぶ立体的なキッチンガーデンのでき上がりです。

メッシュフェンスで風通しよく

一見、味もそっけもないメッシュフェンスは風通しがいいので植物にもってこい。ラックや鉢もハンギングを。

目隠し役の板壁もツルバラの見せ場に

見せたくないものを隠す壁を建てる際に、植物のことを意識すれば、ただの目隠しがごらんのとおり華やかに！

誘引の初期は目隠し役に鉢を

誘引初期はフェンスが丸見えに。鉢や雑貨で目隠しするのも手だが、そんなときこそデザイン性のあるラティスを。

板壁×アイアンラック

アプローチと庭の間にあえて背の高い板壁を設置。アイアンラックを活用して、季節の草花で飾った。

TYPE E

階段

階段の両脇、踏み面に大胆に植栽を

半日陰の階段庭に板壁とアーチ、パーゴラを

西日しか当たらない半日陰の階段を小さな庭に。植物に思う存分日光浴させるために、板壁とパーゴラ、アーチを設置。四季を通じて緑あふれる階段ガーデンに仕上げた。

多肉植物を植え込んで

多肉植物のセダムはとてもたくましく地植えなら特に水やりも肥料も必要ないほどなので、屋上緑化やグラウンドカバーとしても定番に。石段のわずかなすき間に植え込んでも、元気よく育つ場合も。

水やりにも一工夫

階段は水場から離れていることが多く、水やりに苦労するケースも。その解決策として、地面を這わせた黒いホースの穴から水が出るなどの仕組みの、自動水やり機の検討を。

半日陰の環境に合わせて山野草を

階段脇の土を入れ替え、日陰に強い山野草のギボウシ、シダ、プミラを植えた。これ以上日が当たらなくならないよう、草丈が60㎝を超えるとカットして育ちやすい環境を保っている。

短い階段だからこそ植栽で演出を

３～５段の短い階段では鉢を置く以外に工夫のしようがないなどとあきらめないで。短いからこそ植栽でもりもりにすれば、この小さな空間でも、物語を感じる演出になるはず。

庭のなかで コーナーが複数あるなら 階段を区切り役に

カフェコーナー、多肉植物のコーナー、ポタジェなど、テーマが違う小さな庭が複数ある場合は、階段を区切り役に。世界がまったく違っても、むしろドラマチックに盛り上げてくれる。

庭のグラウンドレベルが低いサンクンガーデン（沈床園）への階段や、玄関までのステップなど。高低差があり、歩みを進めるごとに風景が変わる階段は、個性的なガーデンをつくれる格好の場です。

もっともポピュラーで手軽なのは、階段の脇に鉢を置くこと。壁に囲われていて、階段の日当たりが悪い場合でも問題なし。樹木の下草に使われるツワブキやギボウシ、クリスマスローズなどなら、すくすくと育つでしょう。明るさを演出したいときは、斑入り葉や白や黄色の花が咲く品種を選んでみて。

階段を上るにつれて、景色が変化することを計算した演出も必須。手前に大ぶりな植物やアーチなどの大きな造作を置き、階段の上には小さめの植栽や雑貨を配することで、より遠近感が強調。階段を上っていくワクワク感が増します。

なお、階段ガーデニングで忘れてはならないのは安全面です。階段のそばで落葉性の植物を育てるときは、落ち葉で滑らないように掃除が欠かせません。さらに、通行の邪魔になる前に定期的に剪定など、こまめなメンテナンスが不可欠です。

\ おまけ /

TYPE F

裏庭

家族や招かれた人だけが楽しむ秘密の場所

表の庭は純和風、裏庭を自分好みの庭に

1 二世帯住宅でよく耳にするケースで、フロントガーデンには立派な和風の庭がすでに完成していて、手を出せないことも。そんなときは割り切って、裏庭にまったく世界観の違う自分好みの庭を。**2** 板壁を建てて和風の庭との区切りに。雑貨を飾ってディスプレイも楽しんで。

裏庭に設けた小屋を這うピンクのツルバラは「芽衣」。年々成長し、今では壁をすべて覆うほどになり、毎年、満開になる。

アジサイは日陰の庭の救世主。薄暗い庭で青、紫、ピンクとカラフルに咲き誇ってくれる。最近は苗も買いやすい価格帯に。

ギボウシなど、日陰に強い植物でシックに構成された小道。石張りと塀は業者にまかせ、植栽と手入れに集中したそう。

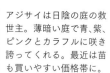

裏庭だからこそ無造作なあしらいが絵になる妙

「ただ置いただけ」そんな無造作な雑貨のあしらいが絵になるのが、裏庭の醍醐味。古い雑貨を選んで飾ってみて。

チラリと見える場所でも植栽にこだわれば見せ場に

裏庭のなかには完全に隠されてはおらず、一部が見える場合も。裏庭全体に植栽が無理なら、見える場所だけ頑張るのも手。

裏庭につながる小道でワクワク感を盛り上げて

裏庭までの通路も、盛り上げ役の一助に。あえてゆったりとカーブを描くことで、ワクワク感をジラしてみたり…。

人目を気にせずくつろげるのも裏庭のよさ

フロントガーデンとは違い、裏庭では基本的に人目を気にせずにすむ。ハンモックで横になったり、カフェスペースで寛いで。

日本の住宅事情では、日が当たりにくい場所は裏庭として物置を置くスペースや不用品置き場に使われることが多いようです。でも、家族や招かれた人しか見ることができないその隠された場所を、秘密の花園に変身させられたなら素敵ですね。

まず、日当たりがよくないことを理由に植栽をあきらめてしまうのが、そもそももったいない。植物のなかには、強い日ざしや暑さを苦手としているものも多く、むしろ日陰や半日陰のほうが元気に育つのです。たとえばアジサイはそのカラフルな色彩からは意外なことに、湿り気のある土を好みます。グラウンドカバーのワイヤープランツも、半日陰でもりもりとよく育つ植物です。

一日のなかで日陰になったり日向になったり時間帯によって変わる場所なら、耐陰性の植物を選びましょう。隣家の建物そばなど終日ひんやりした日陰になっているなら、葉の質感を楽しむ植物を選んでください。

最近は半日陰で育つ植物を集めた庭が、シェードガーデンと呼ばれ、しっとりとした趣のあるデザインとして人気に。裏庭を放置しておくなんて、もったいないのです。

\ おまけ /

TYPE G

地面

どんなすき間も見逃さず、土の表面をカバー

クルミの殻を敷いて

天然のマルチング材、クルミの殻をまいて。見た目のほかに寒暖差の緩和、泥はねや乾燥の防止という効果が。

多肉植物でカバー

こちらは雪国のため、地植えできてそのまま冬越し可能なセンペルビウム（p.121）をグラウンドカバーに。

敷石のすき間を植栽

小道や敷石のすき間も、植栽にぴったり。グラウンドカバープランツ（p.124）を植えて、土面を完全に覆いたい。

丈夫な植物を植える

レンガのすき間を埋めるように植えられたのは、セダム。グラウンドカバーとしてとても優秀で、手間いらず。

小さな庭を森のように見せるコツのひとつが、土の表面を徹底的にカバーすること。足もとで土がのぞいていたら、すかさず植物を植えたり、マルチング材で覆ってください。土が見えなくなると、視覚効果も手伝って、驚くほどその空間が緑豊かな場所へと変わります。

小さな庭のなかでも極小スペースである地面は、意外とそこかしこで見つかります。隣家との境や道路際に建てられたフェンス・塀の内側、庭木の下など、見まわせば土がむき出しになってはいませんか？

基本的には、グラウンドカバープランツ（p.124〜）を植えるのがいちばん効果的。日陰に強い植物です。鉢を集めてコンテナガーデンにしてもよいでしょう。こまめに入れ替えれば、植物の日照不足も解消されますし、見る目を飽きさせません。雑貨と多肉植物を合わせて、寄せ植えを楽しむのもおすすめ。

木の根元、特に落葉樹の根元は、秋から春先までの落葉期は日差しが届きやすくなります。葉が出るまでは花が咲く植物を植え、葉が茂れば半日陰向きのカラーリーフで彩ると、より素敵になります。

＼おまけ／

TYPE H

借景

自分の庭だけではなく周囲の景色も取り込んで

窓の向こうの景色も
毎日の食卓の
にぎわいに

折れ戸を開けると、自宅のテラス、さらにその向こうに公園の借景を望めるダイニング。北側とは思えないほど緑豊かな空間になった。

隣の山を望み毎日、山荘気分

裏山を望めるように設置したテラス。塀に鉢を置いたほかブドウのツルを這わせたことで、自然環境により一体感が生まれた。

視線を
シャットアウトする
板壁に小窓を

外からの目隠し役である板壁に、小窓を設置。壁の向こうの緑を自宅の庭に取り込めた。ぶら下げたランタンもいい味を醸す。

家事の合間に
癒やしてくれる緑の景色

家事の合間に緑を見ることができるように、この場所をキッチンに。格子越しの庭は、間近で見るのとはまた違う新鮮さ。

庭づくりのプランニングの際には、窓からの景色を意識してください。家族やゲストが集まる部屋の窓から庭がどのように見えるかは、重要な要素です。たとえば窓の向こうにアーチ・パーゴラやラティスなどを集中しておけば、ほかはまだまだ手つかずでも、いち早く華やかな光景を満喫することができます。

窓の向こうに細い小道が通っているのなら、窓越しに横から見れば細さを感じません。小道を作るとき、窓からどう見えるかにも注目を。

究極の手間いらずな庭づくりといえば、借景かもしれません。隣家の素敵な庭や周辺の山林を窓からのぞければ、庭づくりと同じように緑の景色を楽しめます。

COLUMN

ガーデンカレンダー

GARDENING CALENDAR

せっかくの小さな庭も冬枯れなどの
寂しい状態になってしまっては、台無しです。
四季折々の花が一年をとおして順番に咲くように、このチャートを参考に、植えてください。

5月	4月	3月	2月	1月	
植え付け期		種まき期			春まき一年草（ジニアなど）
				植え付け期（厳寒期は除く）	秋まき一年草（パンジーなど）
				開花期	
種まき期			植え付け期		二年草（ジギタリス）
開花期					
種まき期		植え付け期			春咲きの宿根草（多年草）（クリスマスローズなど）
				開花期	
		種まき＆植え付け期			秋咲きの宿根草（多年草）（シュウメイギク）
				植え付け期	果樹（ブルーベリーの場合）
	開花期			寒肥	
	植え付け期			寒肥	花木（常緑樹）（木立性ローズマリーの場合）
				開花期	
				寒肥	花木（落葉樹）（ハナミズキの場合）
	開花期			植え付け期	

一年じゅう緑でみずみずしく、花が咲き誇る庭にするには、草花の組み合わせと植え替えのタイミングが重要。この2つの知識があれば、一年じゅう楽しめる場所になります。

まず、春の庭、夏の庭、秋の庭、冬の庭と四季それぞれの庭のイメージを固めてください。ベースとなるのは、寒さや暑さに強い低木と宿根草。一年じゅう植えたままにできます。ボリュームの出るものは奥に配置すると、育ったあともおさまりがいいです。次にガーデナーを悩ます猛暑や寒さを乗り越えるために、初夏から秋、晩秋から春に開花する一年草を植えます。開花期が長いので、じっくりと楽しめます。

これら宿根草と一年草があれば、基本的に常に何かしら咲いている状態です。でも、それだけではいつも同じ光景でつまらないもの。変化を出すために、季節感のあるものが必要です。開花期が短くても、その季節に合った色・姿を選びましょう。

園芸書では栽培時期に基づいたカレンダーが掲載されています。しかし、小さな庭では開花時期も同じように重要となります。

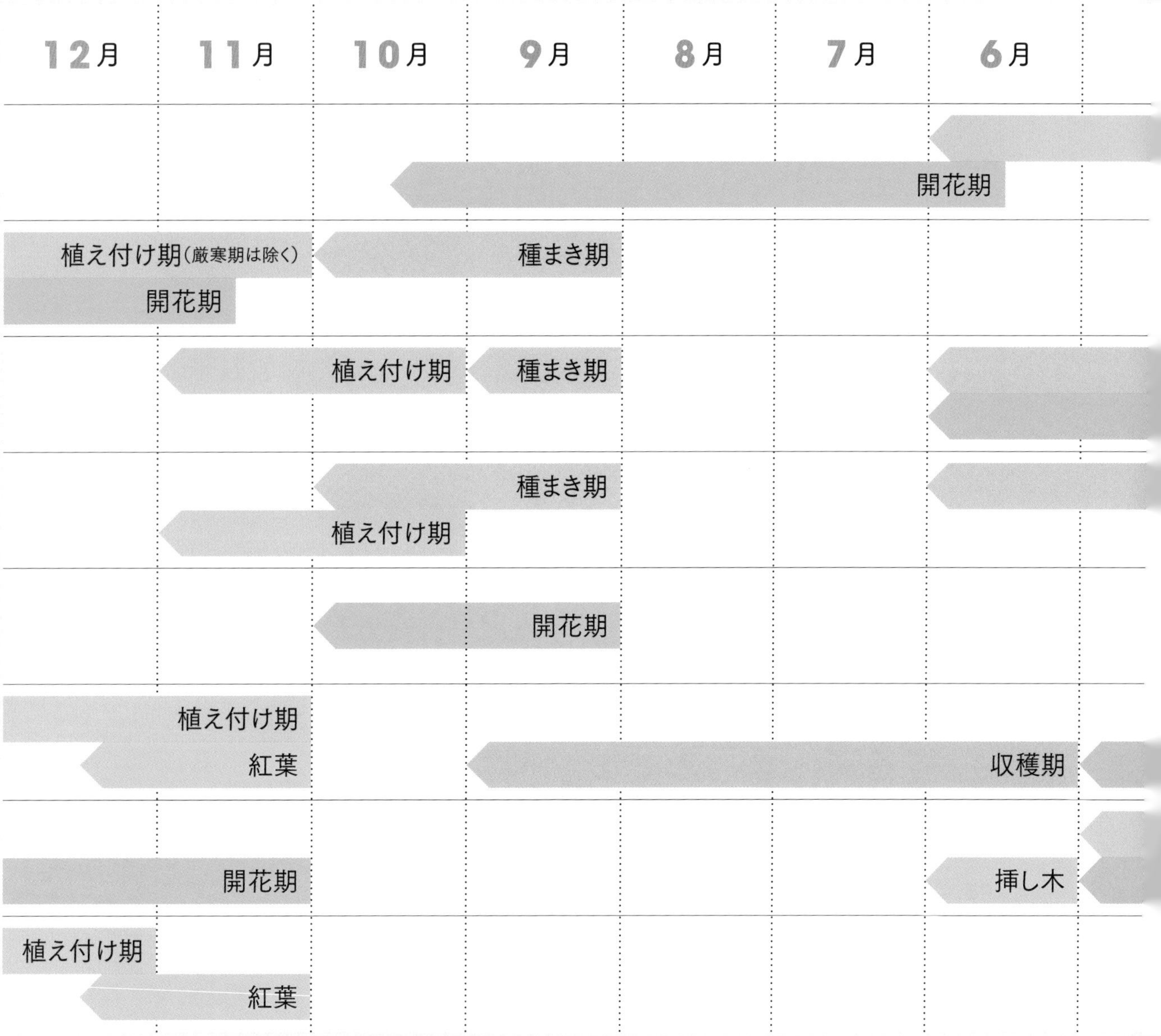

※こちらのカレンダーは、関東～関西の気候を基準にしていますが、品種によって異なります。

Gardening ❶

Q&A

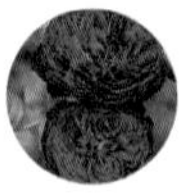

土について ソボクな疑問に答えます

Q 「いい土」ってどんな土?

A 庭づくりに欠かせない「いい土」。つまり、植物の根が生育しやすい状態の土のことを呼びます。具体的には、酸素をスムーズに植物に供給できるよう水はけがよく、通気性があるということ。ただ、せっかくの水分や肥料がすりぬけてしまっては意味がないので、適度に土中にとどめていられる性質も重要です。さらには、病原菌に侵されていなくて、微生物などが活発によい働きをしてくれるように、腐葉土や堆肥などの有機物が含まれている状態も、「いい土」と呼ぶ条件には欠かせません。

この「いい土」は人の手でつくることができます。鉢植えのとき鉢底石を敷いたり肥料を混ぜるように、地植えの土を改良してあげましょう。

Q 「いい土」かどうかテストする方法は?

A あなたの庭の土は、植物にとって「いい土」なのでしょうか。見極めるために、簡単な実験をしてみましょう。

まず、庭の土をひとかたまり手に取って、丸いおにぎりや泥団子を作ってください。このとき、ちゃんと丸い形に作ることができて、そして軽くつつくだけで崩れるのが、「いい土」の状態です。

もし、土を丸めることもできないなら、砂の率が高いということ。つまり保水性と保肥性が悪い土です。

土を丸く握れるものの、表面をついても崩れないなら、粘土質の可能性が高いです。通気性と水はけがいまひとつなので、土壌改良が必要です。その方法は、p.100~の整地の記事をごらんください。

Q 化成肥料と有機肥料どっちがいい?

A 結論から言うと、化成肥料と有機肥料のどちらが土によく、どちらが悪い影響を与えるとは言えません。化成肥料はサプリメント、有機肥料は漢方薬とたとえられます。使用のタイミングやあなたの目的に合わせて使い分けてください。

まず、有機肥料は、天然の原材料と製法でできたもの。牛糞、鶏糞、骨粉（動物の骨を粉砕したもの）、油カス（アブラナなどから油を搾った残り）などのこと。植物を植える前にあらかじめ土に施す「元肥」に向いています。

化成肥料は化学的に合成されたもので、市場に出まわっているものの大半がこちら。発芽を促したり回復を図るなど、成長に合わせて与える「追肥」に向いています。

Chapter
3

土がなくても「庭」を楽しむことはできる
コンテナを駆使してベランダをオアシス化

Chapter2で紹介した「小さな庭」と同様、ベランダも見逃せません。
鉢やプランターなどのコンテナを上手に使えば、
土がなくても緑豊かな場所になります。
日当たりを計算し、強風対策を施し、
ベランダでもよく育つ植物を選んでください。
ここで過ごす時間だけではなく
室内からの眺めにも、きっと癒やされることでしょう。

VERANDA 01

ベランダ＋芝生でオアシス効果が抜群！

人工芝は環境に関係なく敷ける

1 芝生はガーデナーにとって憧れの的。ベランダの場合、人工芝を敷けば簡単に緑のじゅうたんを実現できる。**2** 向こう半分は洗濯物干し場などの生活ゾーン。手前では椅子とテーブルを置いてリラックスゾーンに。**3** 人工芝のおかげで、照り返しも減って、植物が育ちやすくなった。

レンガ壁でより庭の趣に

1 一戸建てのベランダだから、レンガテイストも可能。**2** グリーン×雑貨の組み合わせは、ベランダガーデニングの醍醐味。庭にくらべると風雨の影響が少ないので、ディスプレイを楽しみたい。

板を並べた柵で視線をシャットアウト

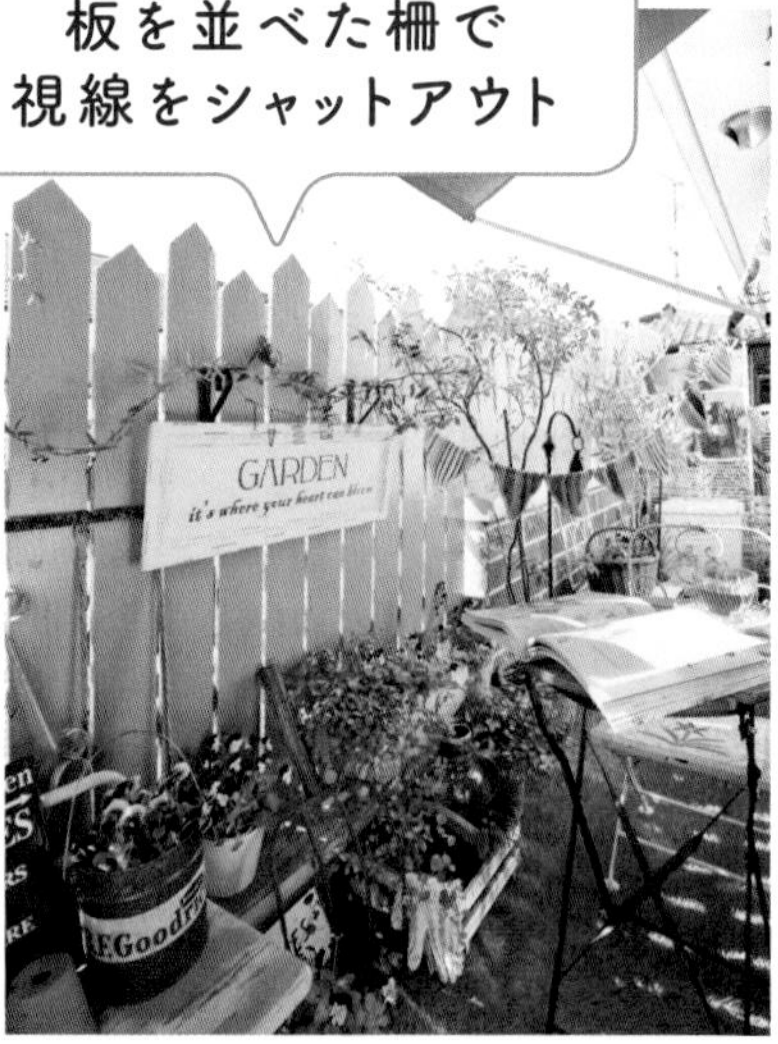

板を立てて並べた柵とオーニングで、隣家からの視線をシャットアウト。柵は適度にすき間をあけたことで、やさしく日光が注ぐ。植物も健やかに育ちやすい。

末村邸のベランダは、2世帯住宅の2階部分。奥行き約80㎝とやや狭いうえ、耐荷重にも不安があるそう。そこで、ベランダに置く植物を少なめに厳選。緑でもりもりにするのはあきらめたものの、足りないグリーンの要素は、床に人工芝を敷き詰めることで、カバーしました。

もうひとつのアイデアは、木材で柵を設けたこと。住宅街の一戸建ての場合、ベランダではご近所の目も気になるものですが、この柵でやんわりと遮りました。しかもすき間を設けていることで、植物に日光がちゃんと届いています。

本当は森のように緑あふれる空間にしたかったとのことですが、充分にグリーンオアシス化に成功した末村邸。森林浴気分で読書やお茶の時間を楽しむことができます。

DATA
末村邸（神奈川県）／
持ち家の２階／
奥行き約0.8m／南向き／
ベランダガーデニング歴19年

室内からの景色も意識した配置に

室内からベランダをのぞくと、この光景。ベランダの場合、窓からの景色を常に意識したい。ここではいちばんの見どころを掃き出し窓の正面に配置。

VERANDA 02

板を敷いたことでリビングルームと一体化

石田邸のベランダは床が板張りされていて、まるで室内のような光景。高さをリビングルームの床と合わせたことで、室内とつながっているように見せています。この結果、視線がベランダのさらに向こうまで広がり、広々とした印象となりました。

もうひとつの特徴は、たくさん置かれた植物に花が少なく、葉ものが大半だということ。これは石田さんが花よりグリーンが好きということもありますが、室内からの景色も計算したから。ユーカリなど常緑のものばかりなので、冬枯れすることがありません。おかげで、一年じゅう、室内からみずみずしい緑を眺めることができるのです。一般的に、ベランダは庭よりも居住空間と距離が近いもの。室内からの景色を意識して、植物の種類や配置を決めましょう。

角材をベランダに敷き、その上に板材を並べて、リビングルームと高さをそろえた。高さを出しただけでなく、板を直接、床に敷かなかったことで、水はけもいい。

DATA
石田邸（埼玉県）／分譲マンションの７階／
幅５×奥行き２m／南向き／
「高層階ですが、意外と風が強くありません」

角材で高さを調節し、リビングルームの床と同じ高さに

室内から見える範囲に板材を敷き詰めたことで、室内と一体化。部屋が広々とした印象に。フィックス窓近くに置いたのは、ヴィンテージの椅子とテーブル。ここで出勤の遅い日はゆったりとした時間を過ごしている。

部屋から常に目に入るので冬枯れしないものを選択

訪れた人が「ジャングルみたい！」と驚くほど、植物でワサワサしたベランダ。多肉植物にヘデラ、オリーブなど冬枯れしないものを選択。「最近は温暖化の影響で冬よりも夏越しが難しい」

地植えではないので、植え替えは必須

ユーカリなど、数10種類の植物は、地植えでない以上どうしても限界があるため、４年に１度は植え替えることで、緑いっぱいの空間に保っている。梅雨の時季がいちばん見どころだそう。

VERANDA
03

日当たりのよさを生かして土はなくても収穫も楽しむ

日当たりがよいためブドウやベリーももりもりと

ベランダでも栽培条件が合えば、ブドウやベリー類の樹木を育てることもできる。育ちすぎないように中低木を選ぶこと。また、枝がベランダから飛び出さぬよう注意。

1 枕木を立てて、高低差をつけたコーナー。上にのせた鉢に日が当たるようになった。また、狭い空間では高低差をつけることで、見栄えをよくする効果も。**2** もう少しで食べごろのブルーベリー。ヒヨドリが飛んでくるので、ふだんは袋をかけて育てているとのこと。

スモークツリー、ミモザ、ブドウ、5品種6本のブルーベリーと、ベランダとは思えないほどの木々を育てている小島さん。春には、ビオラやモッコウバラが花を咲かせます。

小島さんはここで摘んだ花をひとつひとつ乾燥させて、ボタニカルキャンドルを手作り。夕暮れにともしては、ゆらゆらと揺れる陰影が生み出す幻想的な雰囲気を楽しみます。

ベランダで本格的なガーデニングを楽しんでいる小島さんですが、マンションならではの苦労も。水場がないので、水やりも一苦労。もうひとつ、マンション全体の改修工事にも直面。のびのびと育った木々の鉢も、工事の間はもちろん、室内に片づけなければいけません。ベランダガーデニングは、鉢を移動しやすいように配置することが大前提です。

DATA
小島邸（広島県）／
分譲マンション８階の角部屋／
約30㎡のうち３割くらいを
ガーデニングに使用／
ベランダガーデニング歴30年

ベランダにもかかわらず、元気よく育ったスモークツリーとミモザ。まるで地植えされたかのように、見事に緑豊か。角部屋のおかげでラティスも避難経路を遮らずに済んだ。

VERANDA 04

階下に迷惑をかけぬように常緑性の植物を主役にして

リビングルームの床と高さを合わせて板を張ったベランダ。グレゴマ、センニチコボウなどの葉のみずみずしさで、庭にしか見えないような風情に仕上げている。奥の背の高い木はシマトネリコ。

一見、ベランダには見えない完成度の一倉邸。ガーデニングを楽しむために、日当たりがよく、目の前に大空が広がるベランダを探し抜いてここに引っ越してきました。

ベランダの床に張った板はDIYで。柵は板壁で目隠しするなど、無機質さをできるだけ払拭しました。ワイヤープランツやヘデラなどのほふく性植物がもりもりと育ち、鉢と鉢の間のすき間を埋めています。これで、より緑あふれる庭のような雰囲気に近づいたそう。

ベランダガーデニングを心から楽しむ一倉さんですが、もちろん、ベランダならではの制限はあります。階下や隣家に迷惑をかけないために、葉がそこかしこに落ちる落葉樹や、花も虫がつきやすい品種は断念。ベランダならではの配慮です。

DATA
一倉さん（東京都）／
分譲マンション６階／
奥行き２m／南向き／
ベランダガーデニング歴約20年

室内からの景色はフレームを意識して

ベランダガーデニングで忘れてはならないのが、室内からの景色。掃き出し窓をキャンバスに見立て、枠のなかに絵を描いているように植物の配置を決めると、ごらんのとおり。

台風など風の強い日の対策も

コンクリートの壁は、すき間をあけた板壁でカバー。床との境は鉢で目隠し。台風など強風のときは、吹き飛ばされないように高さのある木の幹を、板壁にくくりつけて固定している。

室外機をカバー

ベランダガーデニングのネックのひとつ、エアコンの室外機。一倉さんは、DIYしたガーデンシェッド風の囲いで目隠し。土と肥料の収納としても活用して、一石二鳥。

ソーラーライトで夜も素敵に

ベランダガーニングの楽しみのひとつ、夜景。日が落ちると自動でともるソーラーライトなら、火災の心配もないし、室内から幻想的なナイトシーンを眺めることができる。

VERANDA 05

強風と夏の暑さは鉢のこまめな移動で克服

鉢をくるくる回して日光浴を

コデマリ、ラベンダー、ユキヤナギなど、緑あふれる一角。木箱やバケツなどで高低差を出している。さらに、まんべんなく日が当たるように、こまめに鉢をくるくる回して向きを変えて。土と肥料は机の下で出番がくるまでストック。

コンクリートの手すりの内側は日が当たらず、床近くは風通しが悪いという江田さんのベランダ。そこで、鉢を床に置くのをやめ、テーブルや裏返したバスケットなどの上に並べています。結果、自然と高低差が生まれ、湿気と夏の暑さを克服したうえに見栄えもよくなりました。

多肉植物は、降雨時は机の下で雨宿り。冬はビニール袋をかぶせることで防寒しています。

もうひとつの難所は、ベランダの一角にある物干しゾーン。困ったことに室内からも丸見えのため、ガーデニングゾーンとの統一感も必要です。そこで、板壁にサインプレートや小ぶりの鉢をリズミカルにハンギング。洗濯物の邪魔にならないくらい場所はそれほどとらないのに、センスよく仕上がっています。

DATA
江田邸（広島県）／
分譲マンション11階／
約幅６×奥行き２m／
南向きで西方向も
開いた角部屋／
ベランダガーデニング歴30年

板壁をフル活用して スペースをふやす

植物は雑貨と飾ることで、物語を感じさせられる。**1** 物干しゾーンとは思えないディスプレイ。**2** 右はバラの「インフィニティローズ」、左はとげが少ない「スプリング・バル」。**3** 多肉植物の寄せ植えは、白くペイントしたラティスにハンギング。ラティスは両面に鉢を飾れて、ツル性植物を絡められるので、ベランダなど狭い場所で大活躍。ただし強風で倒れないよう、厳重に固定が必要。

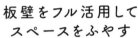

作業机にクロスをかければカフェコーナーに変身

手前のカフェテーブルは、実は作業机。ここで寄せ植えや植え替えの作業を行い、雨天時は下に鉢を隠す。クロスをかければカフェコーナーに変身と、狭い場所でも机があると何かと便利。

VERANDA おまけ 01

リビング&ダイニングルームの前庭デッキテラスを「小さな庭」に変身させて

無機質な部分を白バラで覆い隠せば
デッキが森のなかの小部屋のよう

無機質さが気になるサッシを白バラの「サマー・スノー」でカバー。テラスから見える花はジギタリスなどホワイトで統一し、春にはやわらかなベールをまとったようなホワイトガーデンに。

30年ほど前は子どもたちが元気に遊びまわる芝生だった埼玉県の秋山さん宅の庭。バラの優雅な姿のとりこになり、オールドローズやイングリッシュローズを植え、見事なローズガーデンに変貌させました。芝生をはがして一からつくり上げた庭。テラスからの景色も圧巻です。

テラスを覆い隠さんばかりにもりもりと育った「サマー・スノー」。手前にはジギタリスを取り巻くように多年草を植えて清楚な印象。まるで森のなかの一軒家のようなたたずまいに。

敷地ギリギリのデッキでは道路側のフェンスに植物を絡ませることでやんわりと視線をカット

デッキテラスに古い窓枠やアイアンフレーム、フェンスなどをはめ込んだ。そこにツルバラも絡まって住宅街の一角とは思えないシーンに。雑貨もふんだんにちりばめて居心地のいい空間に仕上げた。

建坪いっぱいまで建てた埼玉県の及川さん宅では、デッキテラスが小さな庭に。道路に面するため、人目をシャットアウトする役割も兼ねてツルバラなどを絡ませました。テラスを囲むフェンスの一部には、漆喰を塗って雑貨の飾り棚をDIY。小部屋のようにしつらえられた空間です。

デッキテラスを外から見たところ。外壁と同じサイディングのフェンスは、業者に依頼。道路とのわずかなすき間に地植えしたツタが勢いよく茂り、フェンスを覆いつつある。道路際の植物は、こぼれ種でふえた。

3

2

1

1 白色の板壁・漆喰は、雑貨や植物の色を映えさせる最高の名脇役。カラフルなナンバープレートをアイキャッチに。**2** アイアン細工、木枠、ピンクのツルバラと、植物と雑貨のコラボレーションを楽しんで。**3** フェンスの一部を漆喰の飾り棚に。白色を背景に、アンティークの雑貨とグリーンが好相性。

VERANDA
おまけ
02

ウッドデッキに壁や屋根をつければサンルームやコンサバトリーに大変身

日当たりが悪かったウッドデッキに
屋根をつけて壁や窓を設けてサンルームにDIY

約3畳半のサンルーム。真冬でもシダやプミラなどのグリーンが元気に育ち、緑がまぶしいほどの環境に。冬でも暖かく過ごせることで、ブドウは甘くなり、バラも華やかに咲き誇る。

1 庭で育てていたデラウェアをサンルーム内に誘引。甘くておいしい実をつけるようになった。**2** 天井を這うバラの枝も、外から誘引。冬は西日しか当たらないが、美しい花をつけてくれる。

雨どいを伝うハツユキカズラは勝手に外から「侵入」してきたもの。サンルームの窓と天井には、アクリルガラスを使用。室内では、プミラやシダ類をアンティークに合わせて飾っている。

ウッドデッキの日当たりの悪さが悩みだった埼玉県の井上さん。朽ちはじめたことからDIYで屋根をつけ、さらには壁と窓を設けたことで、サンルームへと変身させました。内部には植物を美しく引き立てる家具や雑貨も配置。すべて自らの手でつくり上げました。

古くなったウッドデッキを思いきって一年じゅうくつろげるコンサバトリーに

コンサバトリーとはイギリス発祥の建造物で、壁面や屋根がガラス張りのサンルームのこと。もともとは植物や果物の保存庫として使われていた。「わが家はティールームとしても活用」

このミニパーゴラは市販品を青木さんがリメイクしたもの。ミニ鉢の魅力を引き立てている。

青木さん（東京都）のコンサバトリーも、ウッドデッキが朽ちてきたことがきっかけでつくられました。「雑草よけになれば」という軽い気持ちで設置しましたが、庭を眺めながら過ごす時間は格別。友人を招くときは、庭で摘んだ花を飾り、おしゃべりの場として重宝します。

コンサバトリーは季節を問わず、そして雨の日でも気持ちよく庭を眺められる場所。青木さんが招く友人たちも、「カフェより楽しい」と。**1**キャンドルホルダーに松ぼっくりと小鳥の雑貨で、木に見立てた。**2**「ファイヤーキング」の食器と色を合わせた雑貨に小花を。**3**天井にはフラインググリース。**4**ポプリも手作り。

ごくふつうのベランダをDIYで洋書の1ページのような空間に

ベランダガーデニングは、鉢を並べるだけでは絵になりません。なるべく無機質なものを隠し、高低差がつくように雑貨や家具も置くほうがよいでしょう。最終的には、ベランダとは思えないような、森のなかなど自然あふれる場所で過ごしているような場所にしたいものです。

そこで、DIYでベランダをヨーロッパの田舎家の庭のような一角に変身させましょう。舞台は築30年の賃貸の団地。ベランダの使用ルールを確認して(p.68)、スタートです！

まず、気になるアルミのフェンスを板壁でカバー。床には曲がりくねった小道のようにレンガを敷いてコンクリートの冷たさを払拭しました。

施工したのはベランダの一角のため、洗濯物を干す邪魔にもなりません。もちろん、板壁もレンガも簡単に取りはずせます。

賃貸住宅のベランダが作業時間わずか1日で、材料費2万円そこそこで、見事に生まれ変わりました。

板壁は収納兼フェンスの目隠し役

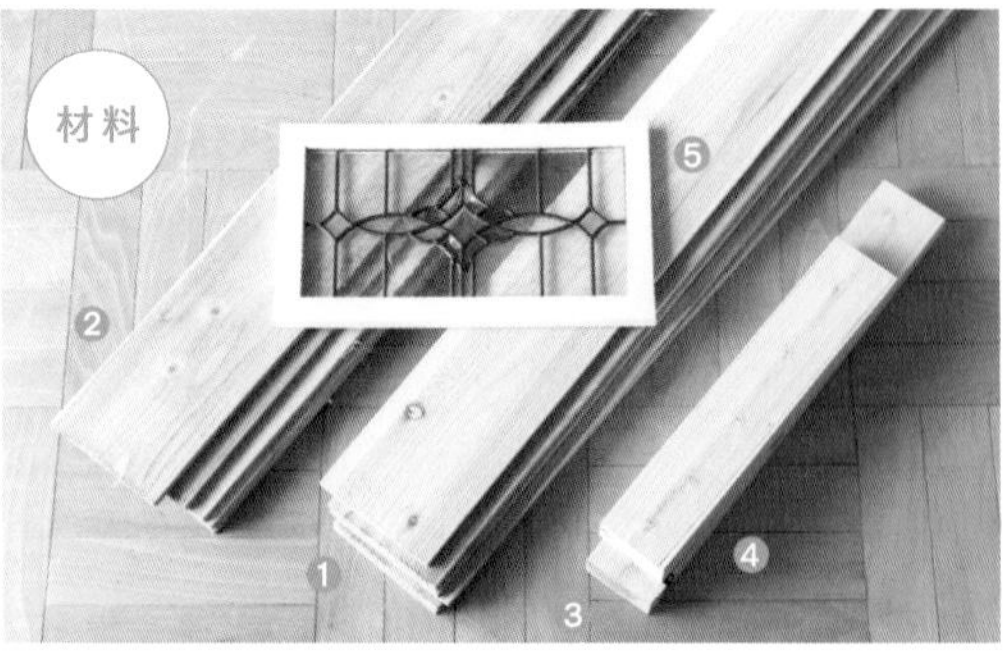

❶幅150×厚さ10×長さ1300㎜の野地板10枚
❷幅150×厚さ10×長さ790㎜の野地板６枚
❸幅98×厚さ38×長さ430㎜のSPF材１枚
❹幅30×厚さ40×長さ430㎜の杉角材１本
❺ステンドグラス１枚

1 板壁の縦板となる①の野地板を５枚、10㎜の間隔をあけて並べる。その上に横板となる②の野地板を上中下にのせ、木ネジで固定する。これで１枚の板壁。もう１枚の板壁は、ステンドグラスのサイズに合わせてカットする。

2 室内で塗装する場合、マスカーとマスキングテープで床を養生。板にお好みの塗料を塗る。棚板の③のSPF材にもペイント。

棚受け

3 棚受けを使って、③の棚板を取り付ける。水平をとれるよう、水準器(p.99)などを使うこと。棚受けはおしゃれなものも多いので、コーナーの引き立て役として好みのものを探して。

蝶番

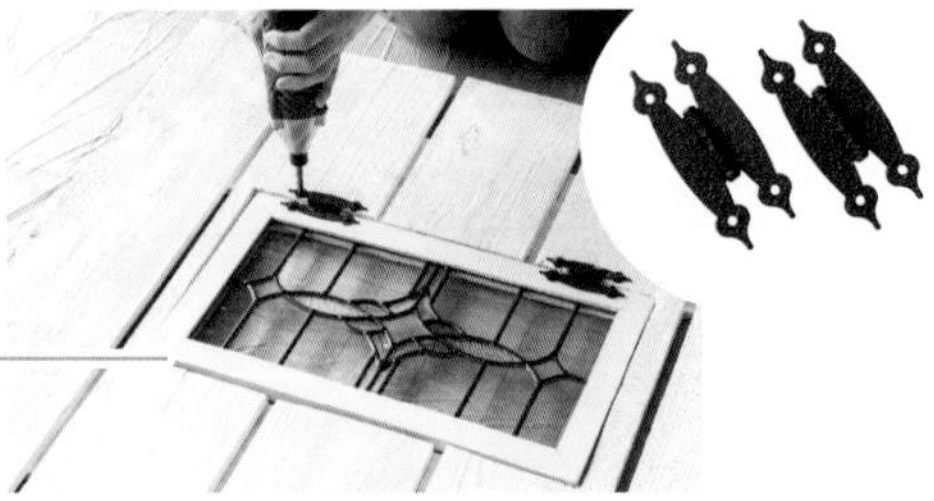

4 もう１枚の板壁には、蝶番でステンドグラスを固定。この蝶番も板壁のアクセント役なので、表面に取り付けて。ステンドグラスの下側には、飾り板として、着色ずみの④を取り付ける。

わずか1日で
植物が引き立つ空間に大変身！

築30年の団地で賃貸のベランダ。コンクリートの床やアルミフェンスの無機質さが、ベランダガーデニングにはミスマッチだった…。

わずか１日で見違えたベランダの一角。ヨーロッパの田舎家の庭というイメージしたとおりの仕上がりとなった。板壁のない場所にはラティスを設置してフェンスの無機質さを払拭した。

クルミ殻

重さを出さずに床をカバーするため、マルチング材として人気のクルミの殻を敷いた。約1800円／12ℓで購入。

使い込んだ味わいが特徴のレンガ。こげ茶と赤茶を、ホームセンターで20個ずつ購入。約幅100×厚さ60×長さ210㎜。1個180円で購入。

レンガ

流木をストッパーにすれば、少し開いた状態でキープできる。板壁にステンドグラスの存在が引き立っている。小窓にしても素敵。

鉢を並べただけでは平面的で絵にならない。そこでベジタブルボックスなどの木箱やスツールを使って高低差を演出するとよい。

小道風のレンガ床で奥行き感を演出

曲がりくねった小道をイメージして、レンガを曲線に配置。濃淡のレンガを交互に置くことで、床に表情が生まれた。

VERANDA RULE

集合住宅のベランダガーデニングでは5つのルールを守ってください

RULE 1

避難経路をふさがない

集合住宅の場合、ベランダは住まいの一部であると同時に、あなたとご近所の避難経路でもあります。ラティスや板壁を設置したり家具や鉢を並べる場合、万が一のときを意識して、スペースを確保してください。

特に隔て板（蹴破り戸）の前に物を集めてふさいでしまうのは厳禁。それは、分譲でも同じです。

本格的にガーデニングを楽しみたいなら、いっそガーデニング向けの物件や、角部屋に転居してみては？

IDEA

洗濯物干しゾーンとの仕切りを設置

ベランダガーデンのネックのひとつ、洗濯物干しゾーン。干す場所をキープするなら、仕切りを設けたほうが世界観を守りやすい。板壁やラティスを設置したり、背の高い木を置いても。

RULE 2

掃除はこまめに

植物に水を与えるたびに少しずつ鉢からこぼれる土、落ちた葉っぱや花弁……。ベランダでは、どうしても排水口のつまりの原因になりがち。ご近所への迷惑にもなるので、排水口はこまめに掃除を心がけてください。たとえば、排水口のカバーをストッキングやキッチンの三角コーナー向けのネットで覆えば、ゴミが流れる前にストップさせることができます。ベランダでは常に緊張感をもって、きれいに掃除しましょう。

IDEA

フェンスに板壁を固定

フェンスや手すりの無機質さをカバーする板壁は、コの字金具やラティス用固定金具で吊り下げる。温暖化の影響で台風が年々、強力になっているので、ゆるみがないかこまめにチェックを。

RULE 3

フェンスの外にはみ出させない

ベランダの手すりやフェンスの外側に、鉢をハンギングしているお宅を見かけます。これは外から眺めるには素敵ですが、非常に危険な行為。強風や地震で落下したら、取り返しのつかない事故を招くかもしれません。基本的に外側に出すのはNGです。もちろん、手すりに鉢を置いて並べるなど、もってのほか！

落ちるものといえばほかに、土ぼこりや花弁、葉っぱも外に落ちがち。ご近所の洗濯物や布団に降りかかるおそれもあるので、強風のときなどはくれぐれも気をつけましょう。

RULE 4

水やりも注意深く

植物に水をあたえるとき、植物の様子を見るだけでなく、常にご近所のことを忘れないで。たとえばラティスにハンギングした鉢に水をかけたら、階下にお住まいの方がフェンスに干したふとんを濡らしてしまうおそれもあります。手間ですが、ハンギングした鉢は、一度下ろしてから水を与えるのが無難。床置きの鉢でも、外にはねることがないよう、静かに少しずつ与えましょう。

IDEA

エアコンの配管をカバー

エアコンの配管も、ベランダガーデニングの世界観を損なうひとつ。たとえばジュート（麻）で覆ったあと、フェイクのアイビーを絡ませて枝に見立て、小鳥の玩具をのせてみるのも一興。

IDEA

肥料などのストックもおしゃれに

肥料やスコップなどの置き場所も、ベランダという極小スペースでは悩ましいところ。高さを出すための木箱に隠したり、写真のようにおしゃれなペール缶にストックしておくとよさそう。

RULE 5

風が強い日は特に要警戒

ベランダガーデンにとって雨や暑さ、寒さは天敵。その対策は日頃から心がけていらっしゃることでしょう。でも、風のこともお忘れなく。思っている以上に、土、葉、花がが飛び散ります。さらには固定していたはずの板壁や鉢が倒れたり落下したり。オーニングやグリーンカーテンも吹き飛ばされるかも。強風注意の警報があるときはくれぐれも要注意です。室内に入れることも検討を。

物件によって規制（ルール）は異なります。集合住宅では、たとえ分譲でも、ベランダに手を入れる前に、管理会社（組合）の規約をご確認ください。

COLUMN

病気と害虫

SICK & PEST

どんなに植物のめんどうをみているつもりでも、自然環境である以上、
病気や害虫の発生は避けられません。花、葉、茎や枝、そして全身の姿をこまめにチェックし、
早めに対処して被害を最小限に抑えてあげましょう。

葉に異変

穴があく

葉にかじられたような跡があれば、基本的に、虫がいることを疑うべき。ハムシ、ケムシ、アオムシ、コオロギ、ナメクジなど。これ以上、養分を奪われないように、早めに除去を。

白くなる

うどん粉をまぶしたような白カビが生えたら、うどんこ病かも。葉の表面が覆われると光合成が阻害され、生育不良も招く。よくある症状なので、薬剤も豊富。植物に合うものを選んであげて。

全体的に変色する

葉の色が黄色や赤色に変色していたり、全体的に色がくすんでいるように見えたら、肥料不足の可能性が。茶色に変色していたら、環境に問題あり。密集していたら間引きの検討を。

表面が白くカスリ状になる

葉にカスリ状の斑点や模様ができたら、葉の裏にハダニが寄生している可能性大。葉裏から養分を吸われているので、除去を。細かいカスリができていたなら、アザミウマが寄生しているかも。

白い筋ができる

葉肉をエカキムシ（ハモグリバエなどの幼虫）に食べられると、葉の表面から見れば白く絵を描かれたように見える。大量発生すると生育悪化、葉の変形、枯れる、落葉などの被害が。

葉裏に小さい虫がつく

アブラムシが新芽や葉裏に寄生し、養分を吸っている。たくさんいると生育が悪くなり、枯れてしまう原因に。さらにウイルス病を媒介するため、ほかの植物にも悪影響を与える。

新芽が伸びない

新芽が食べられて伸びないなら、メイガという幼虫がいるのかも。萎縮して伸びないなら、ダニの仲間のホコリダニを疑う。肉眼では見つけられないほど小さい。家庭菜園でよく見られる症状。

斑点ができる

葉に褐色の斑点ができたり、斑点がふえつづけたら、カビ、細菌、ウイルス病などの病原菌や害虫のおそれ。斑点がこれ以上ふえないなら、日焼け、薬害、塩害などの可能性がある。

下葉が黄色になる

水の与えすぎ、あるいは乾燥しすぎや寒さ、根詰まりなどの可能性。そのほか、植え替えたばかりなどの環境変化も原因に。根もぐらつくようなら、思いきって抜いてしまうことも検討を。

茎に異変

虫がつく

幼苗は虫の大好物。地際の茎が食べられていたら、周囲にイモムシやダンゴムシが生息しているかも。小さな虫が群棲していたら、それはアブラムシ。大量発生していたら植物の害になる。

腐敗変色している

病気にかかっているかも。やにを分泌していたらつる割病やつる枯病。地際の茎が変色して枯れたら、立枯病のリスクが。基本的には連作を避けることで、予防できることが多い。

白くなる

葉と同じように茎の表面にうどん粉をまぶしたような白カビが生えていたら、うどんこ病のおそれ。茎に発生すると花が咲かなくなるし野菜は味が悪くなり、成長が止まってしまう。

花に異変

穴があく

ナメクジ、カタツムリ、コガネムシに食べられている可能性大。コガネムシは大量発生すると花に群がり、見るも無残な姿に…。しかも飛んで移動するので、居場所も不明。そのつど駆除を。

斑点が入る

花弁にシミや斑が入るのは、アザミウマが生息しているか、灰色かび病、ウイルス病（モザイク病）などを想定。そのほか薬剤が合わなかったり、長雨などで多湿の可能性もある。

白くなる

葉・茎と同じようにうどんこ病の可能性が高い。乾燥した時期に発生しやすく、放置しておくとその植物全体が弱ってしまうので、発症した花弁を取ったり、農薬や殺菌剤を早めにまく。

虫がつく

アブラムシが大量発生しているかも。基本的に殺虫剤をまくしかないが、テントウムシが天敵なので、食べてもらうのも手。媒介してウイルス病を発症させると、もう治ることはない。

つぼみのまま枯れる

枯れてカビに覆われてしまったら、灰色かび病のおそれ。湿度が高いと発症しやすくなるので、風通しのよい環境をつくってあげて。あるいは、つぼみの中にイモムシが生息しているかも。

全身がおかしい

株元の土が盛り上がる

アリが株元を出入りしている。植物から養分を奪っている状態。ウイルス病の媒介のおそれもある。数匹なら問題ないが、大量発生しているようならほかの植物に悪影響を与えるので、注意。

なんとなく生育が悪い

害虫の寄生や立枯病（下記）などの病気のほかに、肥料や水の与えすぎ、あるいは肥料不足で細根がなくなってしまっているかも。必要な肥料成分を過不足なく、土の中に含ませてあげて。

褐色に変色

植物全体の生育が悪くなり、日中はしおれたように見える立枯病かも。土壌感染するので、根や地際の茎から感染し、進行すると生育不良に。下葉から黄色くなり、立ち枯れてしまう。

Gardening ②

Q&A

少しでも手間がかからない庭の管理法とは？

Q 雑草対策のおすすめは？

A 植物にとって生育しやすい環境ということは、雑草にとってもよい環境ということ。基本的に、庭づくりは雑草との闘いでもあるといえるでしょう。

いちばん手間がかからないのは、除草剤を使うこと。多種多様なラインナップで商品化されているので、ほかの植物に悪い影響を与えたくない、近隣に迷惑をかけたくないなど、目的に合ったものを選んでください。

土の表面を覆うのも、雑草対策として効果的。砂利を敷いたり（p.102～）、レンガや枕木を敷いたり（p.104～）、グラウンドカバーを植えると（p.124～）、雑草が生えてくるのを抑えられるうえ、見栄えもグンとアップ。除草剤と組み合わせることで、より強固に抑制できます。

Q グラウンドカバーは放置できる？

A 小さな庭を森のような自然そのものな緑豊かな場所に変えるには、グラウンドカバープランツが欠かせません。

もともとグラウンドカバーに向いている植物は、とても強健です。植えたあとは、育てることにそれほど手間がかかりません。環境が合えば、すくすくと育っていってくれます。

しかしながらそれゆえに、気がつくと想定していない場所、たとえば夢見たとおりのガーデンデザインを実現したスペースやお隣さんの敷地にまで広がっている可能性も。「ちょっと伸びすぎかな」と思ったら、こまめに切り戻しをしてください。切っても切ってもあっという間に元どおりに茂ってしまうなら、株分けして勢いを止めてください。

Q 長期不在時の水やりは？

A 庭に水やりは不要、とよくいわれます。しっかり根付いていれば、降雨で水やりが充分という場合はあります。しかしながら乾燥が天敵なのは言わずもがな。乾燥したら水を与えるのが基本です。

それでは、旅行や出張などで長期で不在にしたり、多忙のあまりこまめに水を与えることができない事態になったら、どうすればいいのでしょうか。冬はともかく、夏をどうやって乗り越えればいいのやら!?

地植えの場合は、保水性のあるバークチップ（クロマツなどの樹皮）や腐葉土などを土の表面にかぶせて、上からたっぷりと水をやれば、1週間くらいならもちます。もっと長期になるなら、自動水やり機（ミスト装置）の導入を検討してください。

Chapter
4

育てる喜び・眺める楽しみ・食べる満足！

おしゃれな野菜畑・ポタジェで収穫に挑戦

限られたスペースで野菜を収穫しようとしたら、
庭が一気に地味になって、つまらなくなると思っていませんか？
その心配は、ポタジェが解決してくれます。
見た目がよく、収穫もできるという
目でも胃袋でも楽しめるポタジェを
あなたのガーデンプランニングのひとつに取り入れましょう。

ポタジェの基礎知識

野菜畑・家庭菜園とは一味違う見た目のよさ！

育てやすいうえ、赤色がポタジェの差し色としても重宝するミニトマト。

レタスは、種をまいてから60〜70日で収穫できる。サラダのお供にぜひ。

ONE POINT

見た目や名前は違っても、世界じゅうでつくられてきた家庭菜園。イギリスではキッチンガーデンと呼ばれ、同じ種類のものを一列に並べた収穫重視で素朴な印象。小さな庭では見た目重視で、フランス由来のポタジェをぜひ。

ポタジェとは、家庭菜園を意味するフランス語。中世フランスの修道院で自給自足生活のために庭でハーブや野菜を育てていたことに由来します。その彩りのよさや高低差を利用した立体感など、家庭菜園・野菜畑とひと味違う華やかさ、さらには育てる喜びや食の安全性への関心から、世界じゅうで人気になりました。小さな庭ではもちろん、限られたスペースの一角が地味な家庭菜園になるよりは、デザイン性豊かなポタジェのほうが好まれるのは当然です。

ポタジェはデザインが肝

ポタジェといえば、きっちりと区画整理されたイメージ。この区画整理で、見た目が引き締まった印象になります。区画と区画をつなぐ小道には、レンガやタイル、枕木などを敷きましょう。雑草や泥はねに悩まされなくなります。

実はこの区画整理は、デザイン性のためだけではありません。野菜を育てるなら、必須の作業なのです。たとえば、ナス、トマト、キュウリなど自家栽培で人気の野菜には「連作障害」が起きやすいもの。この連

Design 1

板や枕木を使って植え升を作る

区画の仕切りに板や枕木を使って「植え升」を作るのも手。作り方は、整地後に材木を仮置き。グラつくようなら、土を足して調整する。板と板を「かすがい」でつないだら完成。

Design 2

フェンス際でボーダーガーデン風に

ポタジェは正方形とは限らない。たとえばフェンス際なら、細長いスペースに。このとき、奥から手前に背が高い順に配置を。さらにフェンスを利用して高さを出すと育ちやすい。

Design 3

区画整理でできた小道にデザイン性を

区画整理によって生まれた小道は、作業スペースでもある。そこに見た目を考慮して、レンガや枕木を敷いたり、あるいはベンチやスツールを置いても。ひと休みにも便利。

作障害とは、長年同じ品種を同じ場所で育てることで悪影響を受ける現象をいいます。区画整理することで管理しやすくなり、連作障害のリスクを減らせるのです。

区画の奥など、手が届きにくい場合は、植栽のなかに小道を作ります。1人がギリギリ歩けるくらいの幅で充分です。小道が通ることで全体のイメージが変わってくるので、デザイン性も意識してください。

コンパニオンプランツ

連作障害とともにポタジェで意識しなければいけないのが、コンパニオンプランツ。野菜には、それぞれ種によって引き寄せやすい虫、かかりやすい病気があります。その特性を利用して、違う種類の野菜を組み合わせて育てるのです。そんなよい影響を生み出す組み合わせが、コンパニオンプランツ、または共生植物といいます。ポタジェの区画のなかで育てる野菜を選ぶ際、コンパニオンプランツを考慮すれば、害虫を防ぎ、病気を予防、さらには成長を促進してくれます。ポタジェには欠かせない知識です。

庭で収穫の喜びを

小さなスペースでも食卓のにぎわいに

1 ブラックベリーとヨーグルトのスムージー、ベリージャム添えマフィン、ハーブ水。これらのメニューが、右下の写真のポタジェで収穫したものから作られた。**2** 冷凍ブラックベリーは一年じゅう重宝するとか。

1 ローズマリーには抗菌作用があり、「若返りのハーブ」として知られる。**2** 白い花をつけたコンフリー。葉は栄養豊富な肥料になる。**3** 流木を区画のあしらいにしてセージ（p.122）を。古代ローマの時代から、長寿のハーブとして親しまれてきた。**4** 小さな葉を茂らせているセントジョーンズワート。6月に黄色い花を咲かせる。葉はお茶にすると、安眠効果がある。

フェンスに囲まれたシャビーシックなポタジェ

フェンスやガーデンプレートなど、何もかも手作りした水野さん（千葉県）。フェンス沿いには、ブラックベリー、ユスラウメ、ジューンベリー、ブルーベリー、イチジクと、さまざまな果樹が植えられています。ハーブが茂る小道の向こうの区画には、トマトやアスパラガス、ナスなどの野菜が。庭の恵みを家族で満喫できるポタジェです。

トネリコの木陰をフェンスで囲んだポタジェ。一角にはカフェコーナーを設け、まるでグリーンオアシスのよう。

大きなフェンスを背景にしたレイズドベッドのポタジェ。写真右下の青いワゴンでは、ニンジンの若芽を育てている。

會津さん（茨城県）の庭づくりは、最初は草花、次にバラ、そして家族にとれたて野菜を食べさせてあげるためにポタジェへと移行してきました。レンガを積んで野菜に合う土を入れてレイズドベッドを、風が適度に抜けるようすき間をあけたフェンス風板壁を日当たりのよい一角に。青い窓を設けたことで､おしゃれな見た目です。

雑貨と窓付きフェンスを背景に 緑が映えるポタジェ

取材時はナスにオクラ、ミニトマト、ズッキーニ、黄パプリカ、ピーマンなどを収穫した。

上のとれたて野菜で、ラタトゥイユとサラダができ上がり。

野菜にいい環境というだけでなく、ディスプレイセンスも発揮できるポタジェ。**1** 手前のナスタチウムは、葉も花もサラダに。ナスやキュウリのコンパニオンプランツ。**2** レンガの上には角材をのせて高さとセンスをアップ。**3** まだ背の低いブラックベリーは、これから背後の板壁に誘引していく予定。

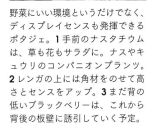

POTAGER

03

ちょっとした工夫でセンスアップ

ポタジェづくりのDIYアイデア

コンテナでポタジェを

ポタジェは地植えだけでなく、コンテナを組み合わせてつくることも。**1** このコンテナポタジェでは、色みをそろえた立体的なディスプレイに。ミニトマトを植えているオレンジ色の缶が差し色にも。**2** 木箱に英字をステンシル。「足音が土を肥やす＝こまめに世話しよう」の意味。

2

1

フェンスでポタジェに高さを出す

たくさんの区画が連なる広々としたポタジェは魅力的だが、小さな庭では難しい。そこで、フェンスやラティスを積極的に活用して立体的なポタジェを。**1** このフェンスの使い方なら、土のない場所でも鉢から誘引して収穫を期待できる。**2** ポタジェの場合、板壁は風通しをよくするために、適度なすき間をあけておく「大和張り」もおすすめ。

2

1

ガーデンプレートの作り方

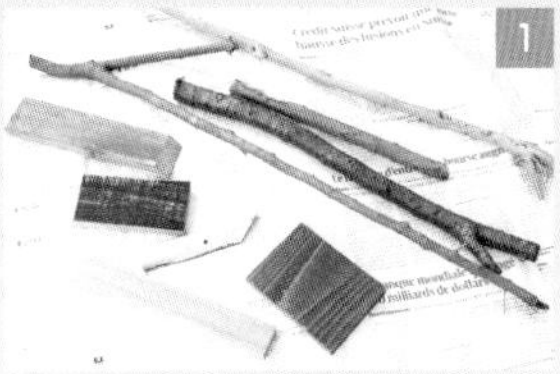
1 ガーデンプレートの構造はシンプル。今回は端材や流木で製作。

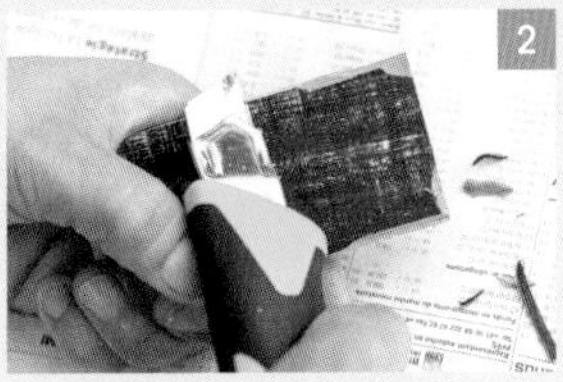
2 ネームプレートにする板をペイントし、角をカッターで粗く削る。

3 サンダーや紙やすりで角や表面をなめらかにしつつ、古さを表現。

4 水性ペイントで文字を書き入れる。串の先を使ってもいい味になる。

5 細めの流木に木ネジでとめたら完成。木ネジは1本で充分。

風雨で塗装がはがれたり文字が読めなくなっても、それもまた味に。

ガーデンプレートは植物・野菜の名前を明らかにするだけでなく、アクセント役にも有効。デザイン・素材を統一するのもよし、あえて多種多様のプレートにするのもよし。

持ち運びを想定して鉢やバスケットを活用

地植えができずコンテナだからって落胆する必要はなし。日が当たる場所を求めてこまめに移動できる鉢やプランターのほうが向いている場合も。**1**・**3** 高さのあるラベンダーやネギの手前にレタスやローズマリーを配置した寄せ植え。**2** 食べ終わったあとのアボカドの種を鉢に植えて、プレートにその日を記載。**4** ワイヤーバスケットに防草シートを敷き、土を入れれば鉢の代わりになる。

2

1

4

3

寄せ植えでミニポタジェも

野菜の寄せ植えでミニポタジェを。キッチン近くに飾りながらストックしておきやすくなる。もちろん、コンパニオンプランツを意識することをお忘れなく。

おいしくて彩り鮮やか！

春夏秋冬の収穫カレンダー

育てやすく、おいしく、そして見た目も華やかな野菜を「サントリーフラワーズ」さんに教えてもらいました。一年をとおして、あなたの庭と食卓を盛り上げてくれますよ！

春に収穫

純あま（ミニトマト）

ぷりっとした弾力のある甘い果肉は、まるでブドウのよう。強い甘さが広がるデザート感覚のミニトマトで、香りもフレッシュ。果房では花数制限を行うと、実つきがよくなる。１果房あたり20個ほどが目安。収穫数は100〜140個。とても甘いので、お子さんのおやつにもぴったり。

グルメバジル

定植後20日ほどで収穫できる。しっかりとした茎立ちで再萌芽にも耐える。込み合ってきたら根元から切り取って風通しをよくする。徒長したら、草丈の半分の高さでピンチし、再萌芽させること。松茸やポルチーニのような芳香ニュアンス。グリルやソテーのリッチなアクセントにおすすめ。

蜜香《みつか》（イチゴ）

右・白蜜香と同シリーズなので育て方は同じ。熟すと強烈な甘い芳香が立ち込める、蜜のように甘いイチゴ。収穫５月上旬〜６月中旬。肥料は与えすぎないように注意。ゆっくりと効く緩効性の元肥と液肥による追肥がおすすめ。新しい葉が出たら、リン酸分を多く含む肥料で追肥をする。

白蜜香《しろみつか》（イチゴ）

フルーティな酸味と濃い甘みがさわやかな白いイチゴ。5月上旬から６月中旬に収穫。地植えの場合、30㎝間隔で植え込みを。花が咲いたら、綿棒や筆を使って、中心のめしべにまんべんなく花粉がつくよう受粉させる。草丈20〜30㎝。株張り30〜40㎝。真冬も、乾燥したら水やりは必要。

冬に収穫

おかわりブロッコリー

秋冬野菜の定番、花野菜。定植後、55〜60日ほどで頂花蕾を収穫後、側枝の発生がよく、次々と側花蕾の収穫が可能になる。まさに「おかわり」。しっかり締まったドーム状の花蕾で、甘みとコクのある味わい。大きな花蕾でも採り遅れしにくいので、必要なときまで収穫を待つことができる。

カリッコリー

定植後55〜60日で収穫できる。頂花蕾を収穫後、側花蕾も次々に出現する。ブロッコリーとカリフラワーの中間タイプの花野菜で、花蕾は美しいライムイエロー。ポタジェの差し色としても映えること間違いなし。軽くゆで上げるのがコツ。甘みのあるサクッとした食感がとてもおいしい。

ONE POINT

コンパニオンプランツの定番の組み合わせ

p.75でも解説したとおり、ポタジェにコンパニオンプランツの知識は欠かせない。低農薬で野菜をつくれるので、代表的な下記の組み合わせを覚えておいてほしい。

・トマト＆バジル
・ナス＆ニラ
・コマツナ＆カブ
・レタス＆キャベツ
・ブロッコリー＆シュンギク
・ダイコン＆マリーゴールド

夏に収穫

くろこだま（スイカ）

狭いスペースでも作りやすい、「一坪スイカ」。果肉はシャリ感、甘み、コクがある。果重３～４kg。開花後、45日ごろに収穫（５月上旬定植、６月中旬受粉の場合）。ツルが伸びにくく、草姿はコンパクトだが、草勢は強め。初期は肥料（特に窒素）を控えめに。収穫量目安は１株で１～３果。

若穫りグリーンホルン（ピーマン）

甘みがあり、風味のよい厚い果肉。おなじみの特有の苦みが少ないので、ピーマン嫌いの子どもにも。栽培初期は早めに収穫すると、より長く収穫できる。収穫数目安40～60個。栽培期間が長いぶん、肥料切れに注意。プランター栽培でもよく実がつき、作りやすさと収穫量でファンが多い。

強健豊作（キュウリ）

収穫適期を超えても水っぽくなりにくい、歯切れのよいキュウリ。キュウリは乾燥に弱いので、しっかりと水を与えること。収穫適期果長21～22cm。主枝と仔ヅル、孫ヅルにバランスよく着果。うどんこ病などに強くなるよう品種改良されているので、初心者でも育てやすい。

とろとろ炒めナス

コロンとした丸い形のナスで、味が濃く、緻密でやわらかな肉質。煮崩れしにくく驚くほどとろとろになるので、炒め物にぜひ。極めて旺盛な草勢で、丈夫な枝ぶり。初心者にも育てやすいので満足感を得られる。とても長生きなので、水切れ・肥料切れに注意。収穫適期果長10～12cm。

ザウルスゴーヤ

イボが恐竜のようなトゲトゲだから、この名前に。一般的なゴーヤにくらべて苦みが少なくマイルドな味わい。イボの部分はサクサクの新食感。主枝が1.5mほどになったら必ず摘芯し、仔ヅルを伸ばして着果させる。収穫適期果長15～25cm、収穫数目安15～25本、果重250～400g。

秋に収穫

ローズベリー・レッド

バラのような花が次々と咲き誇る咲き姿も実り姿も美しい。写真のように、花と実を同時に楽しめる。草丈20～35cm、株張り30～35cm。多花性でも確実に着果。小さな鉢でも収穫できるほど育つなど、初心者にもおすすめ。四季なり品種で、４月下旬～８月中旬、10月上旬～下旬と長く収穫。

らくなりイチゴ

クリスピーなサクサク新食感のイチゴ。うどんこ病にも強いので、初心者にもつくりやすい。草丈20～35cm、株張り35～40cm。甘酸っぱく大きな実がたわわに実るので楽しい。収穫時期は４月下旬～８月中旬、９月中旬～10月上旬。甘酸っぱい果実は、ジャムにしても楽しめる。

ドルチェベリー

上質な甘さと酸味のバランスがよく美味。定植後、すぐに咲いてくる花芽はカットして、株の養生に努めるとよい。春～秋まで、安定して長く収穫できる。うどんこ病などにも比較的強く、高温期でも花が続くなど育てやすい四季なり品種。草丈20～35cm、株張り30～40cm。小さな庭にぴったり。

Gardening 3

Q&A

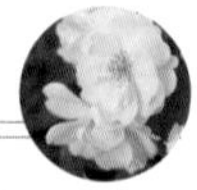

日本の高温多湿な環境でも植物を元気に育てるためには？

Q そもそも植物が枯れる原因は？

A 主な原因は、水やりと肥料に見られます。

まず、水の与え方を間違えている場合。土の表面が乾燥したら水を与えるのが基本ですが、葉で水がはじかれ、土に染み込まないケースがあります。水やり時、土の表面がしっとりしたかどうかを確認してください。

逆に水の与えすぎの場合も。根腐れや徒長を招くので、水に関しては過ぎたるは及ばざるが如しです。

肥料の与えすぎも考えられるでしょう。大量の肥料は、根の機能を壊し、植物をしおれさせ、枯らす原因になります。この「肥料やけ」の事態を避けるため、肥料の取扱説明書を厳守しましょう。また、根に直接触れさせず、少し離して与えるようにしてください。

Q 湿気が気になる場所でも植物は元気に育つ？

A 湿気の多い庭の原因としては、①植物が茂りすぎている、②土の水はけが悪い、という2つが想定されます。

まず、①の場合。目安として、葉が半分以上重なった状態になっていたら、こみすぎです。風通しをよくするため、間引きしましょう。樹木には、定期的な剪定が必要です。

②の場合は、p.100でも解説しますが、土壌改良してください。まず、20～30cmほど掘り起こし、表面の土と深いところの土を入れ替えるようによく混ぜ合わせます。ここに、腐葉土をメインとしたピートモス、川砂、バーミキュライトなどの改良剤を入れます。2週間ほどで、庭土がふかふかになり、植物が元気に成長できる環境となります。

Q 直射日光が当たる庭なら、どうすればいい？

A 日本の夏は、植物には非常に厳しい季節。温暖化の影響もあり、年々、夏越しが困難になっています。

まずは、日本古来の打ち水を。鉢植えやその周辺の地面に水をまくと、クールダウンの効果があります。

よしずやオーニング、緑のカーテンも、直射日光を遮ってくれます。また、庭木を植えるときも、必要な場所に日陰をつくれるよう位置を計算してください。

フェンスなどにツル性植物を絡めれば、反射熱を軽減してくれます。地面は、グラウンドカバープランツを植えたり、保水性のある資材でマルチング（土の表面を覆うこと）したりしましょう。表面温度が下がり、照り返しもグンと軽減されます。

Chapter
5

小道・アーチ・パーゴラ・フェンス・ラティスなど

小さな庭を盛り上げる見せ場をつくるテクニック

小さな庭では当然、植栽スペースが限られています。
そこに、植物以外のものを設置することに違和感を覚える人も多いでしょう。
でも、狭い場所だからこそ、立体感や奥行きを演出する必要があります。
そして、それを可能にする舞台装置が構造物の数々なのです。
ボーダーガーデンという植栽テクニックも組み合わせて、庭を広く見せましょう。

FOCUS 01

小道・園路

この先に何があるのだろうというワクワク感を演出

玄関前から裏庭に続く小道に、ジュラストーン（乱形石・ライムストーン）を敷き詰めている。ジュラストーンは高硬度の石灰岩で、割れ肌は素足で歩けるほどなめらか。

約65㎡の庭を横切る、レンガを複雑に組み合わせた小道の先には、パラソル付きのガーデンテーブルが。ここでバーベキューパーティを開催。手前の大型のシダは、胞子から育てて19年目。

POINT 奥行きをつくり視点を分散させることで実際より広く見せる効果が

小さな庭に小道は欠かせない造作です（p.30〜）。小道があれば、庭に奥行きが生まれ、一気に見違えます。それなのに、「小道をつくるほど広くないから」「そのスペースを植栽に使えないのはもったいなくて」と、二の足を踏む人が多いのが本当に残念です。小道をつくる、パーゴラを立てる。この2つの造作は、ぜひ前向きに検討してみてください。

狭いことを理由に小道を躊躇《ちゅうちょ》しているなら、それは大きな間違い。小道を設けると、実際より広く見せる視覚効果があります。ゆるやかにカーブを描けば、遠近法のマジックでさらに奥行きを感じることでしょう。

次に、植栽スペースがもったいないという考え方ですが、小道も設けず大きな花壇にしていたら、奥に植えた植物のケアが難しくなります。手が届かないと、ついつい放置してしまうのは想像に難くありません。その点、小道が植栽スペースを通っていれば、奥の奥までケアが行き届くようになるはず。さらに、小道の両脇には（ときには内側にも）美しく植栽できます。このように、庭をすみずみまで美しく仕立てるためにも、小道がおすすめなのです。

さりげなく飛び石を敷いた小道。地面や周囲の植物に溶け込みそうなほど存在感を消しているので、この小道を見た人は、秘密の場所へ誘導されているかのような気分になりそう。

レンガを縦に並べた小道。カーブを描いたことで、この先に何があるのだろうと想像力をかき立てる効果が。その両脇には背の低い植物を植え、小道の存在感を引き立たせている。

枕木の小道（p.104～）。枕木と枕木の間には、多年草のディコンドラ（ダイコンドラ）を植栽して、土の面をカバーしている。右下はリュウノヒゲ。写真奥のフェンスは野地板でDIYした。

まっすぐに続く、レンガを縦に並べてDIYした小道。景色をつくる視覚効果のほかにも、雨の日に泥はねを気にせず歩いたり植物のケアができるなど、小道は多岐にわたって本当に便利。

枕木を縦に並べた小道。横に並べるより幅はなくなるが、枚数を抑えられて、デザイン性とともにコスト面でも使えるアイデア。しかも、細いぶん、植栽スペースがふえるのもうれしい。

玄関へと続くアプローチとして、レンガを敷いた小道を。レンガの向きを不規則にしているのが、個性的。レンガは色も形も千差万別。すき間なく敷かなかったことも、デザインのひとつに。

CHECK! 小道のある庭はp.30～33、小道の作り方はp.102～109をCHECK

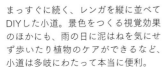

FOCUS 02

アーチ・パーゴラ

庭に立体感を生み出す、ツル性植物の見せ場

1 このパーゴラは自作したもの。下にカフェコーナーを設け、木もれ日を浴びながら、憩いの時間を楽しむ。背後にラティスを設置して目隠しを。**2** 写真**1** を斜めから見た景色。レンガの小道から寄り道するように設置されている。

POINT 高さを生み出すことで、庭を立体的にかつ華やかに演出できる

小道とともに、小さな庭を広く見せ、素敵に演出する役割で見逃せないのが、アーチやパーゴラです。それぞれツル性植物を絡ませる、そこかさばり、高さのある構造物で、そこ植栽をサポートするために設置されています。ツルバラが絡まって満開になっている姿、まさに見せ場です。しかも、小さな庭では、植栽スペースをふやす以外に、空間を立体的に見せ、奥行き感を演出する効果があります。小さな庭にこそ、必要な構造物であるゆえんです。

アーチとパーゴラは、効果も目的もほぼ同じです。パーゴラは藤棚のことで、木材などで作られた骨組み(フレーム)のこと。アーチは上部がカーブを描いていますが、パーゴラは直線や家形などさまざまなデザインがあります。下に小道を走らせれば、いっそう庭を広く見せることができる人気の組み合わせです。

ツル性植物を絡ませる以外にも楽しみがあります。下にカフェコーナーを設けたり、寄せ植えの鉢やランタンをハンギングしたり。さまざまに楽しませてくれる構造物なので、門扉と組み合わせるなど、設置場所を頑張って見つけてください。

1ベンチ付きのアーチも人気の構造物。2玄関のパーゴラには、バラの「ポールズ・ヒマラヤン・ムスク」。愛らしい花を無数にちりばめて、家のフォルムがわからなくなるほどのボリューム感。

3デッキにつながる枕木の小道にパーゴラを設置。日当たりが悪いため、太陽を浴びさせるための策だったが、ゲストにも好評。4植えてから13年目のピンク色のバラ「アンジェラ」と白色の「サマースノー」。アーチに優雅に絡まり、庭の奥へと誘うロマンチックなコーナー。5パーゴラ、フェンス、レンガ…ほとんどをDIYで。パーゴラは白色だけでなく、ブルーも人気に。小さな庭だからこそ、いろいろな構造物を設置して、見せ場をたくさんつくったそう。

イングリッシュローズが優雅にアーチを描く玄関アプローチ。築50年の日本家屋とは思えないほど、バラがのびやかに育って豪華。

FOCUS 03

板壁・フェンス・ラティス

キャンバスに絵を描くように、平面を生かす

アイアンのデコラティブなフェンスに、オールドローズ「ブラッシュ・ノアゼット」を絡ませて。

POINT ツル性植物を飾ったり目隠しにしたり 鉢を吊り下げてコーナーをつくったり

隣家との境に設けられるフェンスは、多くの家にもともと設置されていることでしょう。本来、板壁・フェンス・ラティスは、隣家や道行く人からの視線を遮るためのものですが、ここにツル性植物を絡めれば、一気に華やかに。庭を広く見せる効果はそれほど期待できませんが、立体的に演出できるので、土の少ない場所では見逃せません。

足もともねらいどころ。フェンスに沿った細長いスペースはボーダーガーデン（p.90）のベストポジションです。いっそ、視線を外に向けて、フェンスと道路のすき間、ぎりぎりの場所に地植えするのも手。道行く人も楽しませる演出です。

敷地まわりだけではありません。たとえば物干しゾーンと植栽ゾーンで区切るときにも重宝します。

ただ、植物がなくても絵になるラティスや板壁ならいいのですが、何のデザイン性もないフェンスしかない場合。そんなときは、キャンバスに絵を描くようにイメージで、植栽してください。ツル性植物を絡ませるのか、ボーダーガーデンをつくるのか、木を植えるのか。平面は意外といろいろ楽しめる場所なのです。

レンガが敷かれた小道の先に設けられたガーデンシェッド風の板壁。小窓、棚、カフェテーブル、そしてもりもりの植物のおかげで、まるで室内にいるかのようにくつろげる空間になった。

レンガの小道に設けられたコーナー。隣家との仕切り役のフェンスとピンクのバラ「イエスタデイ」に合うよう、折りたたみの椅子とチムニーストーブはわざわざ白色に塗り直している。

植物のみずみずしさが映える板壁は、杉材とSPF材でDIY。隣家との仕切り役として設置したそう。すき間を設けたことで通気性がよくなり、ツル性植物も絡まりやすくなっている。

1 高さの違う板をリズミカルに縦に並べた板壁。ワイルドな趣になりがちなところをクレマチスを絡ませたことで、やわらかな印象に。**2** 板壁にお気に入りのメッセージや植物の名前などを書くのもアイデア。文字はステンシルや手書きなど、お好みで。

1 庭の壁面すべてに、多肉植物のための板壁をDIY。どこでも日光がよく当たるよう、棚の設置を工夫。板壁はかすれたようにペイントし、ジャンクな趣に。**2** 華やかなバラ「レオナルド・ダ・ヴィンチ」を、あえて手作り感ある木製のラティスに合わせたことで素朴な趣に仕上げた。

CHECK! 壁面を生かした庭づくりはp.38～41もCHECK

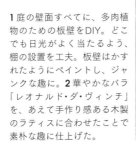

FOCUS 04

ボーダーガーデン

生け垣や壁際などに沿った細長い帯状のスペースを花壇にする

玄関前に設けられたボーダーガーデン。いちばん手前でラベンダーが咲き誇り、奥（フェンス手前）には高さのあるミルク缶や木々が。高さを出すために、雑貨を使ったところに注目を。

ボーダーガーデンとは、奥行きの狭い花壇のこと。フェンスや壁に沿った細長い花壇で、背の順に花苗を植えて高低差や色合いを楽しむ、イングリッシュガーデンでおなじみの植栽です。当然、小さな庭では積極的に取り入れられています。

横長の庭は、同じ種類の草花を並べて単調になりがちです。狭い場所だからこそ、違う種類のものを積極的に取り入れる、隣り合う植物の葉や花色に差をつけるといった工夫が必要なのです。ときには木を植えて変化をつけるのもよいでしょう。奥から手前に向かって高低差をつけるだけでなく、左右方向にも変化をつけたほうがドラマチックになります。

背景も見逃せません。ラティスなどツル性植物を絡ませることができそうなら、立体的に見せるためにそこへ誘引してください。

ボーダーガーデンは敷地内のそこかしこでつくることができます。まず、フェンスの内側。半日陰でも育つ植物を中心に植えてください。逆に塀と道路の間の極小スペースも、ねらいどころ。日当たりもよいことが多いので、季節の花で道行く人を楽しませてあげましょう。

1 枕木のフェンスの足もとには、ハーブのボーダーガーデンが青々と。その上ではバラの「ニュートン」や「シュネーケニギン」が花開く。2 自宅のフェンスと道路の間に設けたボーダーガーデン。バラとのコラボレーションで華やかに。

POINT 背の高い植物を奥に、手前に背の低い植物を配置することで立体的に見える

1 レンガを背景にボーダーガーデンが長く続く。奥から手前にかけて背が低くなっていくおかげで、すべての植物によく日が当たる。2 丈夫なイワミツバやペンステモンを地植えにし、そこに鉢も加えたことでグラデーションが生まれた。3 レンガを積んで作ったレイズドベッドはボーダーガーデンのベストステージ。4 壁と駐車場のすき間に地植えを。用土が流れ出ないようにするストッパー役の土留めはレンガのみ。セージやキャットミントが盛り上げ役。

CHECK! ボーダーガーデンのための開花期はp.48～49を、細長いスペースの庭づくりはp.30～33もCHECK。
p.34からの駐車場スペースでも活用できます。地植えの花壇の作り方は、p.110～112にて解説。

FOCUS

05

立水栓

無機質な水まわりをカバー

壁に蛇口がついた「壁栓」。それを覆うように生えているのはヘリクリサム。実は湿気が苦手なので、水がかかりすぎないように注意が必要。

枕木の立水栓。ホースもシックな色調を選んだことで、庭になじむたたずまいに。水受けとして無造作にバケツを置いたことも効果的。

枕木とレンガの立水栓。フェイクだが、ジョウロを置いたことで、本当に水が出るように見える演出。このジョウロもさびて使用できないもの。

1 プミラに覆われた立水栓がフォーカルポイントに。もともとはグレーの支柱だったが、レンガでカバーしている。実はほとんどが鉢植えのコーナー。**2** アイアンの立水栓が、さびてえも言われぬ味になった。ここにハクセキレイが巣を作ったことも。

POINT

実際に水やりには使えないフェイクの立水栓でもコーナーの引き立て役として重宝

小さな庭ではどうしても無機質なものが悪目立ちしてしまうもの。それは、ガーデニングに必要不可欠な水やりのための立水栓でも同じこと。そこで、レンガで覆ったり、市販のカバーをつけて、無機質感を消してしまいましょう。

そもそも立水栓とは、屋外に設置される柱状の水栓設備のこと。高さがあるので、うまく使えば立体感も演出してくれます。そのため、フェイクの立水栓を設けるのも人気のしつらえです。

1 ガーデンピックとして、蛇口がついたものを。コンテナガーデンに高低差を生むアイデア。**2** 憧れの水場。セメントをこねる舟を土に埋め、小さな池を作った。ここにハトやヒヨドリが水を飲みに来ることもあるそう。

FOCUS 06

エアコンカバー

悪目立ちする室外機を名脇役に

POINT 板で覆って板壁として植栽の背景にしたり作業台として活用したりと、意外とうれしい存在に

室外機が置かれた通路や裏庭を活用するのが、小さな庭の考え方。とはいえ、室外機を安易に移動させるわけにはいきません。そこで重宝するのが、エアコンカバー。スノコやラティスなどを使って室外機を適度に覆い、人工物の存在を隠してしまいます。しかも雑貨や鉢の置き場所にもなるので、積極的に取り入れてください。

1 雑貨も飾れるおままごとキッチン風のエアコンカバーをDIYで。**2** エアコンカバーの上に観音開きのルーバーがついた鏡を設置。鏡像も楽しんで。

FOCUS 07

作業台

道具や肥料を置いたり
寄せ植えをしたり

POINT 作業のたびに出し入れするのは面倒。おしゃれな作業台でフォーカルポイントに

作業用のハサミやスコップを置いたり、寄せ植えのために株分けしたりと、何かと登場の多い作業台。人工物なのでふだんは隠しておきたいですが、出し入れは面倒なもの。そこで、出しっぱなしでも絵になる作業台を選びましょう。ミシン台やワゴンなどが人気。アンティークのような高価なものではなくても、さびさせるだけで、味が出てきますよ。

どちらも古いミシンの脚をリメイクして作業台に。さびた脚が植物と調和している。**1** 古いミシンの脚にベジタブルボックスを置いて鉢をディスプレイ。**2** 骨董市で見つけたミシンの脚に板をのせ、雑貨のステージ兼見せる収納に。

FOCUS 08

雑貨 その1

高さを出して庭に立体感を演出する

古いベビーチェアを白くペイント。赤紫色の小花が愛らしいブラキカムを植えた鉢を置き、花台に。常緑樹のなかでさりげない存在感に。

赤黒くさびた小さな椅子の上に、空き缶やシャベルなどの「さびもの」と組み合わせて、同じくさびたワイヤーかごを。多肉植物ともよく調和。

ほどよく色が落ちた赤い椅子に、フランスアンティークの白いほうろうのボウルを置いて。赤色は庭のなかでフォーカルポイントとして絶妙。

POINT 古びた椅子に鉢を置いて高さを出す

POINT 自転車は物語を感じさせるうえフォーカルポイントになる

1 いただきものの古い自転車を配置。鉢を置いたりツル性植物を絡ませて演出を。この赤色が効果的。**2** この一角を小さな村に見立て、レンガ、街灯、そして古い三輪車を。荷台に鉢をのせたまま今にも走り出して物語が生まれそうで、目を引く。

POINT 高さを出す定番。はしごや脚立を無造作に立てかける

日曜大工で愛用されていた脚立。鉢には、多肉植物のミセバヤを置いている。古くなったはしごや脚立には花台として新しい役割を。

パーゴラのような大がかりなものではなく、ちょっとした高低差をつくりたいなら、家具や自転車がおすすめ。土に埋めて設置するわけではないので、気軽に移動できて、さまざまな演出を楽しめます。ガーデン雑貨以外でも、適度にさびたものは庭に調和しやすいです。

FOCUS
09

雑貨 その2

小さいながらもストーリーを演出してくれる

立水栓にアヒルの置物を添えて。立水栓→水場→水鳥が遊びに来る…というストーリー仕立てになっている。鳥の置物は、風水でも縁起物。

葉の下に隠れていたのは、羽のある豚。海外では「絶対にありえないこと」を意味し、ファンタジーの世界の人気者になっているそう。

多肉植物からチョコンと顔を出しているウサギ。風雨でさび、フォルムも削られたことで、まるでアンティークのような風合いに。

POINT

動物や妖精は庭と好相性。
森に見立てて、想像をかきたてる演出に

「森と思って遊びに来てくれたかも」と思わせる鳥モチーフは人気の雑貨。**1** アイアンの風見鶏。鉄の質感が庭の緑にしっくりとなじんでいる。**2** 門柱に鳥の置物を。枕木や柱に鳥を置くのは、枝に見立てた演出で、森をイメージしたワザ。**3** 鳥といえば、鳥の巣箱。これはフェイクだが、「鳥が住んでいるのかな？」と想像をかきたててくれる優秀な小道具。

天使のモチーフも、秘密の花園や楽園を彷彿とさせる人気アイテム。木陰に隠れるように置いておくと、見つけた人がドキッとする仕掛けに。

小ぶりな雑貨を飾っても庭では意味がないと思われるかもしれません。確かに、目立つわけではありません。でもふと足もとに視線を落としたときや、花壇や寄せ植えの鉢をのぞいてみたときにチョコンと雑貨が置かれていたら、思わず笑みがこぼれます。特に、絵本の世界を演出できる動物や天使のモチーフが人気です。

ラベンダーが咲く花壇の片隅に、陶製のウサギがたたずんでいる。ウサギのモチーフは『不思議の国のアリス』を彷彿とさせて定番に。

Gardening

4

Q&A

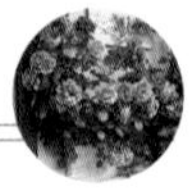

あなたの「困った」を解決できるかも!

Q 和の要素が庭づくりの邪魔に……

A 景石や灯籠など、もともと和の庭だった場合、バラの似合うナチュラルな趣のガーデンに変身させるのは一苦労。一つひとつが重たいですし、処分も有料。プロの手を借りるのがおすすめです。

あるいは、これら和の要素をそのまま生かす方法もあります。おすすめは、石を印象的にあしらったロックガーデン。自分で持てる重さの石なら、花壇の囲いにしても素敵。大きさや形の違うものを組み合わせ、そのすき間に植栽すれば、目を引く演出になることでしょう。丸石なら、レンガや平石と組み合わせて敷くと、石畳風になります。

灯籠は、簡単に分解することができます。庭のフォーカルポイントに使ってあげてください。

Q 庭木が原因でご近所トラブルに

A 庭づくりで実際によく耳にする悩みが、ご近所に迷惑をかけてしまうこと。生育力が旺盛なグラウンドカバーやツル性植物が隣家に「侵略」してしまわないように注意してください。

なかでもよくトラブルの原因となるのが、庭木。枝葉を広げすぎて隣家との境界線を越えてしまったり、花びらや葉が落ちたり、高木で日陰をつくってしまうことも問題です。

庭木を植えるときは、5年後10年後の姿を想定することが大切。道路側、隣家側では根の張り方、枝葉の育ち方を想像し、迷惑をかけない庭木を選んでください。あなたが美しいと思う植物が、ご近所には迷惑な存在になる可能性があることを念頭に置きましょう。

Q 庭に不用品が目立つように……

A 庭が美しく育ってくると、目立つようになるのが人工的なもの。たとえば悪目立ちするエアコンの室外機は、スノコやフェンスを組み合わせてカバーを作ったり、市販の商品を使えば、DIYが苦手でも簡単にカバーできます。

プラスチックの鉢も、数がふえればふえるほど目立ってしまいます。雑貨を置いて隠すのも簡単でおすすめですが、ウッド調にペイントしてみては？　そもそも、最近は木製そのものに見える鉢がリーズナブル価格で売られています。最初から見た目を意識して選ぶとよいでしょう。

庭の端に置かれた出番待ちの鉢は、1年以上そのままなら、思いきって捨てましょう。不用品が庭を台無しにしてしまうことをお忘れなく。

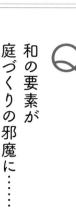

Chapter

6

憧れの造作もＤＩＹで実現できる！

ガーデニングの基本をイラストで学ぶ

本書で紹介した美しい庭の大半は、プロの手によるものではなくＤＩＹでつくり上げられたものです。

植物を自分の手で育て上げ、美しく見せるために手を加えることができたなら、きっと愛情もひとしおなことでしょう。

難所はプロにおまかせしつつ、できることは自分で、こつこつと庭づくりを始めませんか？

LESSON 01

庭づくりに必要な道具10

よい道具を選べば、そのぶん素敵な庭に仕上がる……なんてことには、残念ながらなりません。あなたの体格に合った使い勝手のいいものを見つけてください。

地面を整える

スコップ

地面を掘り下げたり砂利や砂を入れたりなど、出番が多い。先端の尖った剣先スコップと先端が角形の角スコップで選ぶなら、剣先スコップのほうが汎用性が高い。角スコップは、土の移動や整地に向く。

参考価格：2000円～

ハンドスコップ

片手で扱える園芸用のスコップ。草取りのときに雑草を根っこから掘り起こしたり、飛び石やレンガの下に砂を入れるのに使用。草花を植える際も必需品なので、使いやすいものを持っておくと何かと便利。

参考価格：300円～

タコ

柄を持って30㎝ほど持ち上げ、ストンと落とす作業を繰り返すことで地面を固めるための道具。専用のものがホームセンターなどで販売されているが、丸太に丈夫な柄をつけて自作するのも手。

参考価格：3000円～

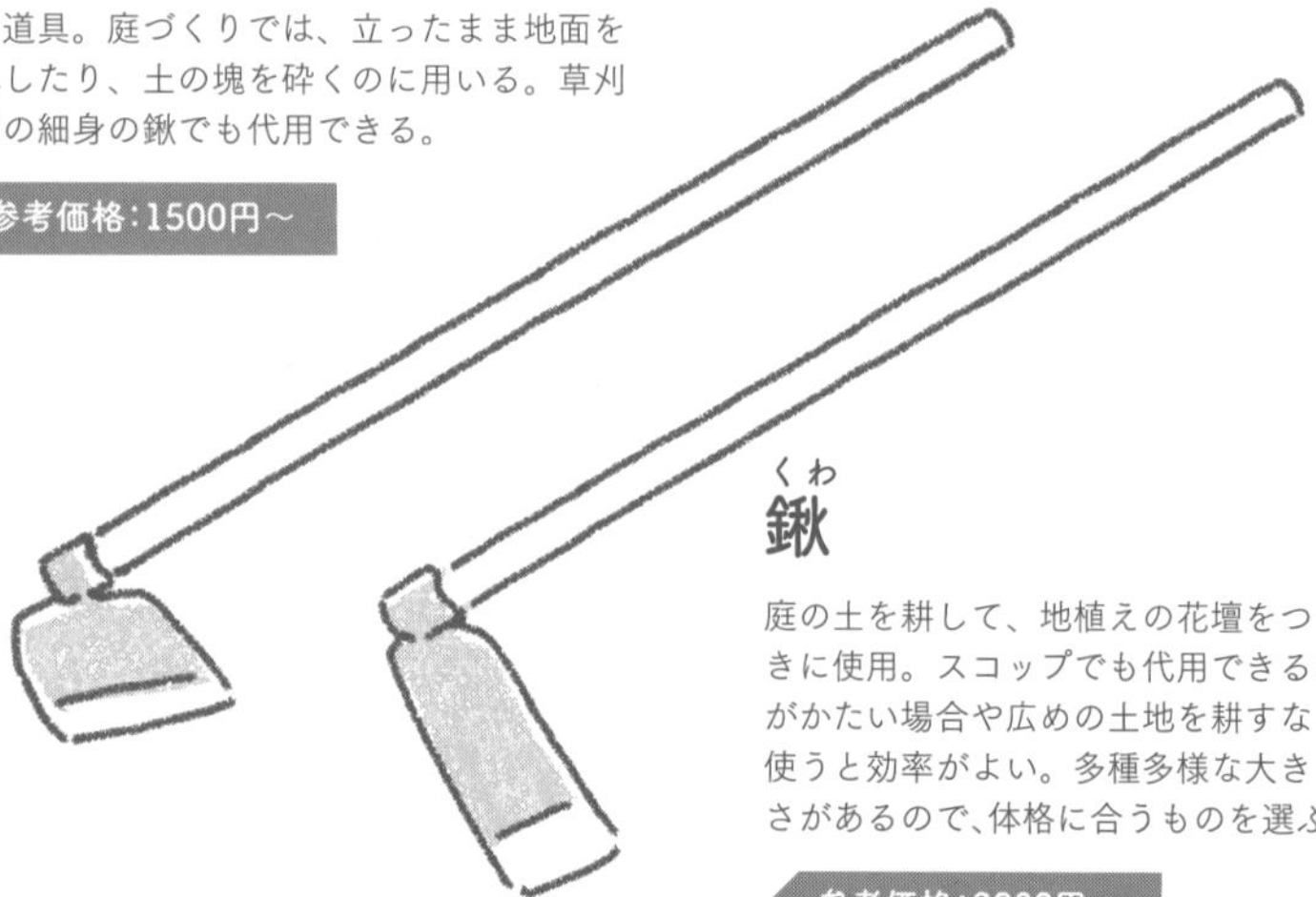

ジョレン

水を含んだ砂や泥の除去、またはそこに生息する魚介類を捕獲するための、鍬に似た刃の短い道具。庭づくりでは、立ったまま地面を整地したり、土の塊を砕くのに用いる。草刈り用の細身の鍬でも代用できる。

参考価格：1500円～

鍬《くわ》

庭の土を耕して、地植えの花壇をつくるときに使用。スコップでも代用できるが、土がかたい場合や広めの土地を耕すなら鍬を使うと効率がよい。多種多様な大きさ・重さがあるので、体格に合うものを選ぶこと。

参考価格：2000円～

板きれ

２種類あると便利。30×40㎝程度の幅広の板は、上に乗ってタコの代わりに地面を固めるのに重宝。８×40～50㎝程度の細長い板は手に持って砂をならしたり、目印をつけて地面の深さを測るガイド役に使う。こうがい板・かき板・手板とも呼ばれる。

参考価格：100円～

測る

メジャー／コンベックス

砂利やレンガを敷いたり、花壇をつくるときは、作業前に施工面の大きさを測って、必要な砂利やレンガの量を把握しておく必要がある。計測部がステンレス製で５m程度のコンベックスが、何かとおすすめ。

参考価格：500円〜

水準器

液体の中の気泡の位置で、水平や垂直を確認するための道具。レンガを敷いたり積むときは水平をとることが大事なので、こまめにチェックを。15〜20㎝の棒状が使いやすい。スマホアプリもあるが、故障のリスクが……。

参考価格：1000円〜

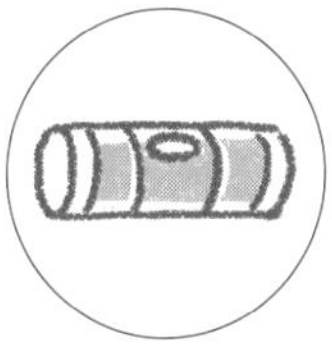

気泡がこのイラストのように中央に来ている状態になれば、ちゃんと水平がとれているということ。

気泡が左右のどちらかに寄っていたら、寄っている方向の位置が高い。このイラストでは右側が高いということ。

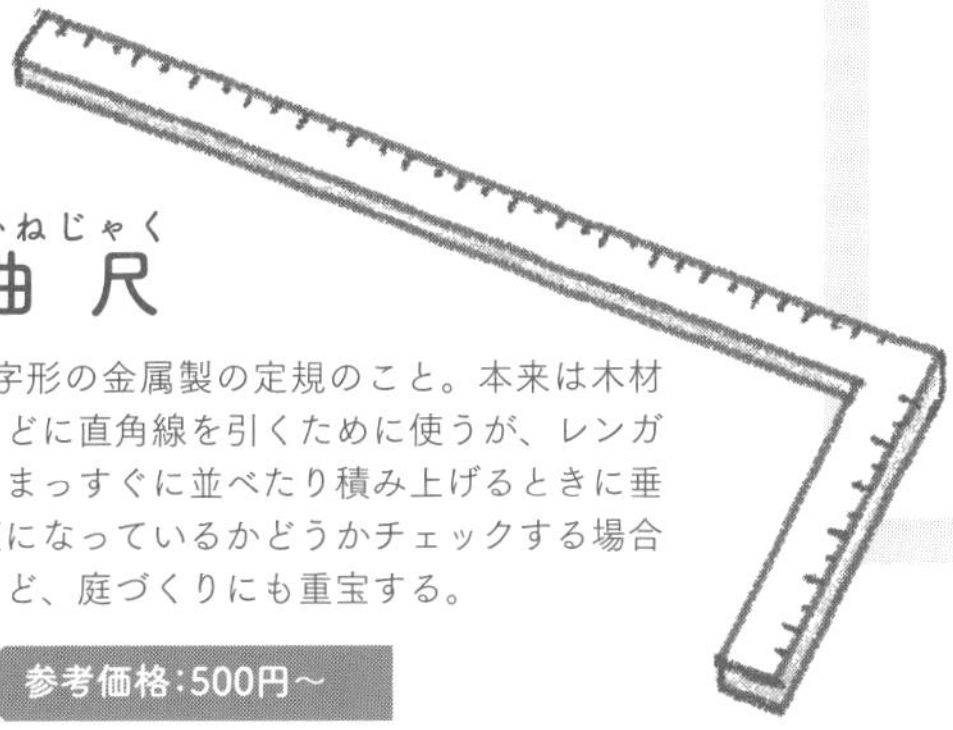

曲尺《かねじゃく》

L字形の金属製の定規のこと。本来は木材などに直角線を引くために使うが、レンガをまっすぐに並べたり積み上げるときに垂直になっているかどうかチェックする場合など、庭づくりにも重宝する。

参考価格：500円〜

水糸《みずいと》

レンガやブロックを積むときに水平をとったり、穴を掘るときの地面の位置のガイド役にしたり、レンガを積むときに仕上がりラインを示すために使う糸。太いナイロン製で伸縮性があり、ピンと張れる。

参考価格：100円〜

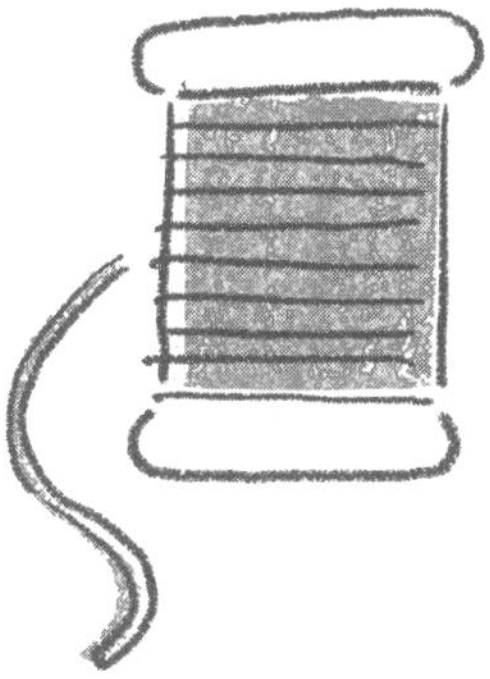

Attention

そのほか、水やり用にジョウロにガーデンホース（手もとで水の出し止めやシャワー切り替えができるもの）、剪定用のハサミ、ケガや手荒れを防ぐための軍手、ほうきとちりとりなどが必要。

こちらで紹介した道具は、実は「庭づくりのためには絶対に必要」というわけではありません。意外と代用がきくものが多いのです。まずは手持ちのものを使ってみて、もっと効率をあげたくなったら、購入に踏み切りましょう。ただ、何も一気にそろえる必要はありません。たとえば整地（p.100〜）の段階では、タコ、スコップ、ハンドスコップ、ジョレン、鍬などがあれば大丈夫。メジャーや水準器、曲尺などは、レンガを積んだり敷く作業までは、出番がないのです。

また、購入の際は、あなたの体格に合ったものを選ぶことが、何より大切。ホームセンターなどで店員さんに相談にのってもらい、実際に試用して使い勝手を確認してから購入しましょう。「価格が高いほうがいいもの」「安ければ安いほど使い勝手が悪い」とは、一概に言えないのです。しかも、あなたには合っていても、家族には合わない道具も多いことでしょう。特に園芸道具は男性向けに考案されたものも多いので、女性は特に試用が大切となります。

LESSON 02

整地

いちばん地味ながら、庭づくりでもっとも重要な準備がこの整地。庭のプランがしっかりと固まったら（p.22〜）、実際にレンガや砂利を敷く前に、ていねいに整地しましょう。

庭づくりを始めるにあたっていちばん大事なことは、できるだけていねいに整地すること。このとき気がはやるままに手を抜いてしまうと、いくら砂利やレンガなどを敷いても、想定外の場所から雑草が生えてきたり、せっかく敷いたレンガが波打ってでこぼこになってしまう事態に。地味な作業ばかりですが、理想の庭づくりのために頑張りましょう！

そもそも整地の作業は、まず雑草や小石を取り除くことから始まります。スツールなどに座って、じっくり腰を据えて取り組みましょう。

次に、ジョレンで土をならします。このときには雑草や小石が次々に顔を出してくるものなので、そのたびに取り去ってください。

邪魔なものが完全になくなれば、ここに地植えしたり花壇にすることができます。レンガや砂利を敷いたりラティスなどの構造物を設置するなら、タコを使って土をつき固めます。これは、土の中のすき間をなくすことで、砂利や構造物が少しずつ沈んでいく現象を防ぐための作業です。根気よくつき固めてください。

① 邪魔な雑草や小石を片づける

植物を植えたい地面の雑草を抜き、根や小石を取り去る。邪魔な雑草や小石がなくなるまで、徹底的に行うこと。根気がいるうえ腰痛との闘いだが、絶対に手を抜けない作業！

Attention

雑草を簡単・きれいに抜くためには

雑草をそのまま放置しておくと、景観を悪くするだけでなく、不審者や空き巣を招きやすくなる危惧が。伸びすぎた雑草が隣家に侵入してしまったら、ご近所トラブルの火種にも。さらにブタクサなど花粉症のアレルゲンとなる雑草もあるなど、雑草は百害あって一利なし！　草むしりは、雨が降った翌日や雨上がりなど、土がしっとりと湿ってやわらかい状態のときなら、根っこが途中で切れるリスクが減る。雑草の根元をしっかりと持ち、引っ張り上げて抜くこと。できた穴に根が残っていたら、すべて取り去る。雑草がまだ小さいうちに抜く習慣をつけるとよい。

② 地面を平らにならす

ジョレン（p.98）でできるだけ地面を平らにならす。このとき、どれだけていねいに作業していたとしても残っていた雑草や小石が見つかるものなので、こまめに取り去ること。

③ 地面をつき固める

やわらかい地面の場合、タコ（p.98）を使って土をつき固める（転圧と呼ぶ）。しっかりとつき固めないと、このあとでレンガを敷いた場合、沈んで波打ってしまうなどがっかりな事態に……。

LESSON 03

砂利を敷く

小さな庭で出番の多い小道。レンガや枕木を敷くのではなく、もっともローメンテナンスな方法が、砂利を敷くこと。雑草が生えてくるのを防いでくれるうえ、見栄えも意外とよいものです。実は防犯効果もあるんですよ。

① 塀や壁際は防草シートを折り返して敷く

整地（p.100）が終わったら、防草シートを敷き、カッターやハサミでサイズを合わせる。壁や塀に接する部分の雑草は、シートを３～４㎝ほど折り返すことで防ぎやすくなる。

Attention

つぎ足し用の砂利もあらかじめ用意しておくこと

砂利を厚さ１㎝で敷くなら、１㎡あたり約20kgを使用するのが目安。しかし、時間の経過とともに少しずつ減っていくため、適宜、つぎ足してあげる工程が必要となる。一般的な砂利なら似たようなものを容易に購入できるが、輸入品などは同じものを購入できるとは限らない。そのため、砂利を購入するときは、あらかじめつぎ足しのことを想定し、最初から２～３袋ほど多めに用意しておくと安心。

整地が終わったあと、いつの日かレンガの小道を敷くまでは。あるいはそもそもレンガや飛び石などを敷く予定がない場合。そんなときは、砂利を敷いておくのがいちばんラク。庭が美しく映えるうえ、雑草も生えにくくなります。

庭用の砂利には、庭を美しく彩るための化粧砂利と、踏むと音が鳴ったり雑草の発芽を抑制する砂利に大別されます。化粧砂利は、色や質感のバリエーションが豊富。家や庭の雰囲気に合うものを見つけましょう。

砂利を敷くとき、土の上に直接敷いてしまうと、すき間から雑草が生えてしまいます。必ず、最初に防草シートを敷いてください。

そもそも防草シートには、太陽光を遮ることで砂利のすき間から雑草が生えてくることを防ぐだけでなく、砂利が土に埋まるのを防ぐ効果もあります。のちのちのメンテナンスの手間を想定すれば、砂利にはマストなアイテム。ただ、そんな防草シートも耐用年数は2~3年程度しかありません。必然的に張り替えが必要となるので注意してください。

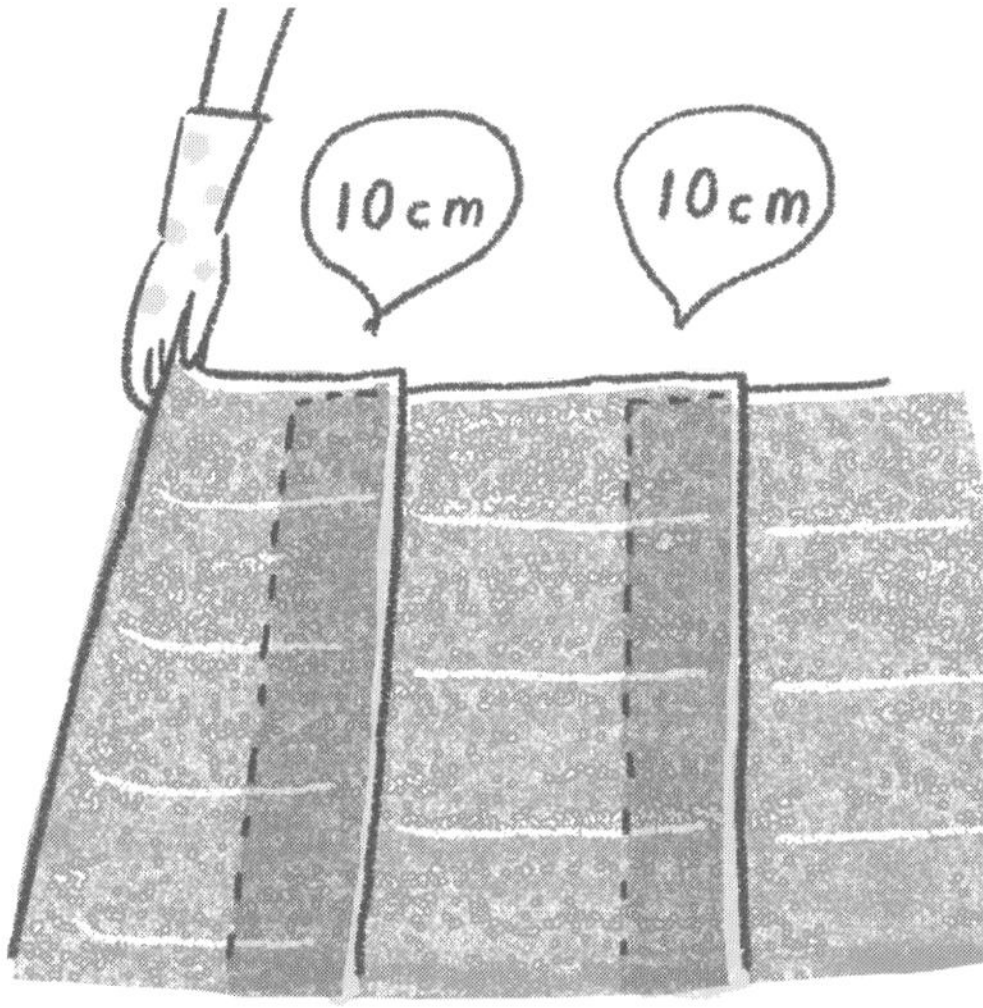

② カットした防草シートは10㎝ほど重ねて敷く

角など大きいままでは覆いにくい部分は、シートをカットして使用する。砂利を敷いたときにシートが離れてしまわないように、10㎝ほど重ねて敷くとよい。

③ 砂利は3㎝ほどの厚さで平らにならす

防草シートの上に約3㎝ほどの厚さになるよう砂利を敷き、ジョレンを前後左右に動かして、平らにしていく。

④ あとのメンテナンスは落ち葉掃除と砂利足しだけ

防草シートの効果で草取りなどのメンテナンスはほとんど不要に！　砂利の上の落ち葉は、竹ぼうきや熊手などで集めるとよい。

枕木で小道をつくる

砂利の小道からワンランクアップするなら、枕木をあしらった小道をつくりましょう。小さな庭を広く、そして奥行き感を醸し出す効果は砂利とはくらべものになりません！

① あらかじめ木材保護塗料を塗る

枕木を地中に埋めるため、腐食を防ぐ効果のある木材保護塗料を塗る。中に染み込ませるように、ハケなどで全体をくまなく塗ること。

② 枕木の高さに合わせて穴を掘り、整地する

枕木の厚さにプラスして砕石（天然の岩石を人工的に小さく砕いた、角が尖った砂利のこと）の厚さ分も考慮して、土を掘る。穴の中に砕石を敷き詰め、タコなどでつき固める。

枕木とは、もともとは鉄道の線路（軌道）の構成部材のこと。レールの下に枕木を敷くことで、その重さを支えていました。つまり、線路とそこを走る鉄道車両を支えていたのですから、とても丈夫！　昨今、植物に溶け込むナチュラルな趣と相まって、人気アイテムとなっています。ここでは、枕木で小道・園路をつくる方法をご紹介しましょう。

ちなみに枕木と一口に言っても、その素材はさまざま。作業効率や素材の風合いを考え合わせると、庭づくりには次の4つが定番です。まずは、実際に線路で使用されていた枕木をリサイクルしたクリやヒノキ材などの木材。次に新品の木材を枕木風にカットしたもの。さらに比較的高価な輸入品。最後に、耐久性が高く、ひとりでも扱えるほど軽量なFRP樹脂製。作業効率や風合いなどを計算して、選んでください。小道にするほか、花壇にしたりフェンスにしたりと出番はかなり多いです。

なお、この枕木を設置する方法を応用して、飛び石、平板も設置できます。参考にしてください。

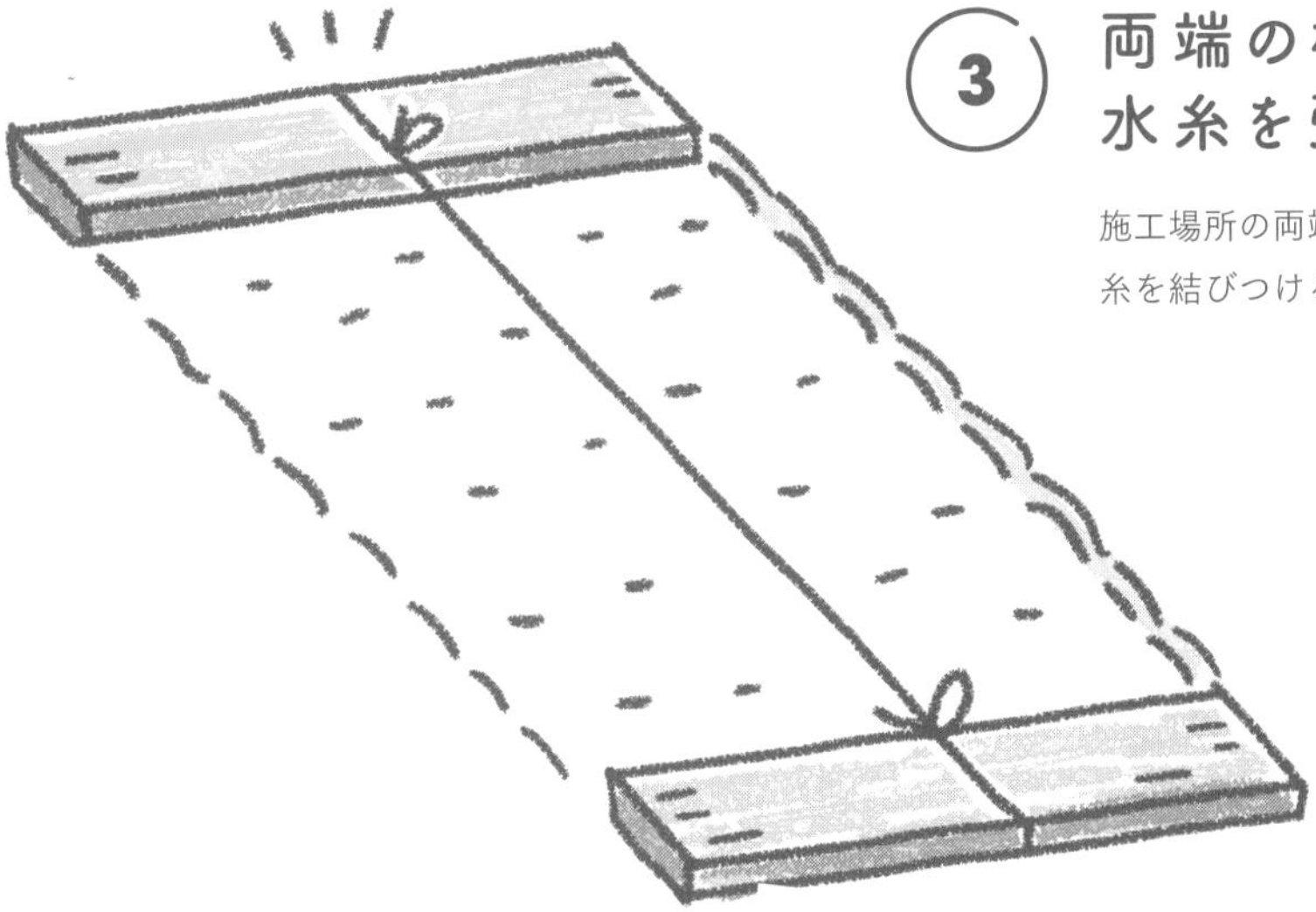

③ 両端の枕木を先に置いて水糸を張る

施工場所の両端に枕木を置く。その枕木に水糸を結びつける。水糸はピンと張ること。

④ 水糸に合わせて平らに枕木を並べる

水糸をガイドラインにしながら、間に枕木を並べていく。歩きやすくするためには、水平をとることが何より大切。１本1本、水準器でダブルチェックを。

⑤ 枕木の間には土を入れて固定する

枕木と枕木の間に土を入れ、ハンマーを使って目地をつき固める。ここにリュウノヒゲなどのグラウンドカバー（p.124〜）を植えると、より自然なたたずまいに。

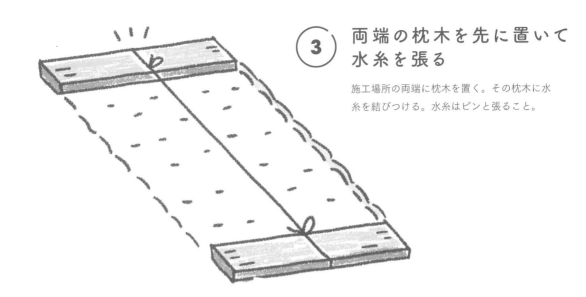

レンガを敷く

ガーデニングファンにとって夢のレンガの小道。プロに頼まなくても、実はDIYでつくることができます。根気と体力が必要ですが、初心者でも美しい仕上がりに！

Attention

資材量の目安と路盤材について

1㎡あたりの資材量の目安は、レンガが約50個、砂が10kg以上、砕石が20kg以上、路盤材は100ℓ以上。これで約5000円。なお、路盤材とは、地面を舗装する際に地盤を固めるために敷く資材のこと。コンクリートや岩石を砕いたもので、これを敷くことでレンガの沈み込みを防ぐことができる。

1 レンガを敷く場所の面積を測る

メジャーなどを使い、レンガを敷く場所の面積を計測する。レンガの形や大きさによっては、敷きたい場所からレンガがはみ出ることもあるので、面積は広めに把握しておく。

レンガはナチュラルであたたかな雰囲気を醸すのに最適な資材の代表格として、欧米では建材や舗装材として古くから活用されています。庭づくりでも取り入れてみたいと、憧れる人が多い資材です。

ここで紹介したのは、「砂決め」という、モルタルやコンクリートなどの接着剤を使わずにレンガを敷く方法。何度でもやり直しができるうえ、職人さんのように手早く施工できなくてもいいので、初心者にチャレンジしやすいDIYです。

とはいえ、穴を掘ったり路盤材を敷き入れて施工面を平らにするなど、下地づくりはなかなかの労力。ただ、下地が完全に平らにさえなれば、レンガを敷くのは意外と簡単です。はやる気持ちをおさえて、③〜⑥の工程を念入りに行ってください。

なお、目地を使わずにレンガを密着させて敷きたいときは、人や車が乗っても割れないように、一般的なレンガよりかたく焼きしめられた専用の焼きレンガがおすすめ。短辺と長辺の長さが1：2になっていることが多いので、目地を使わなくても

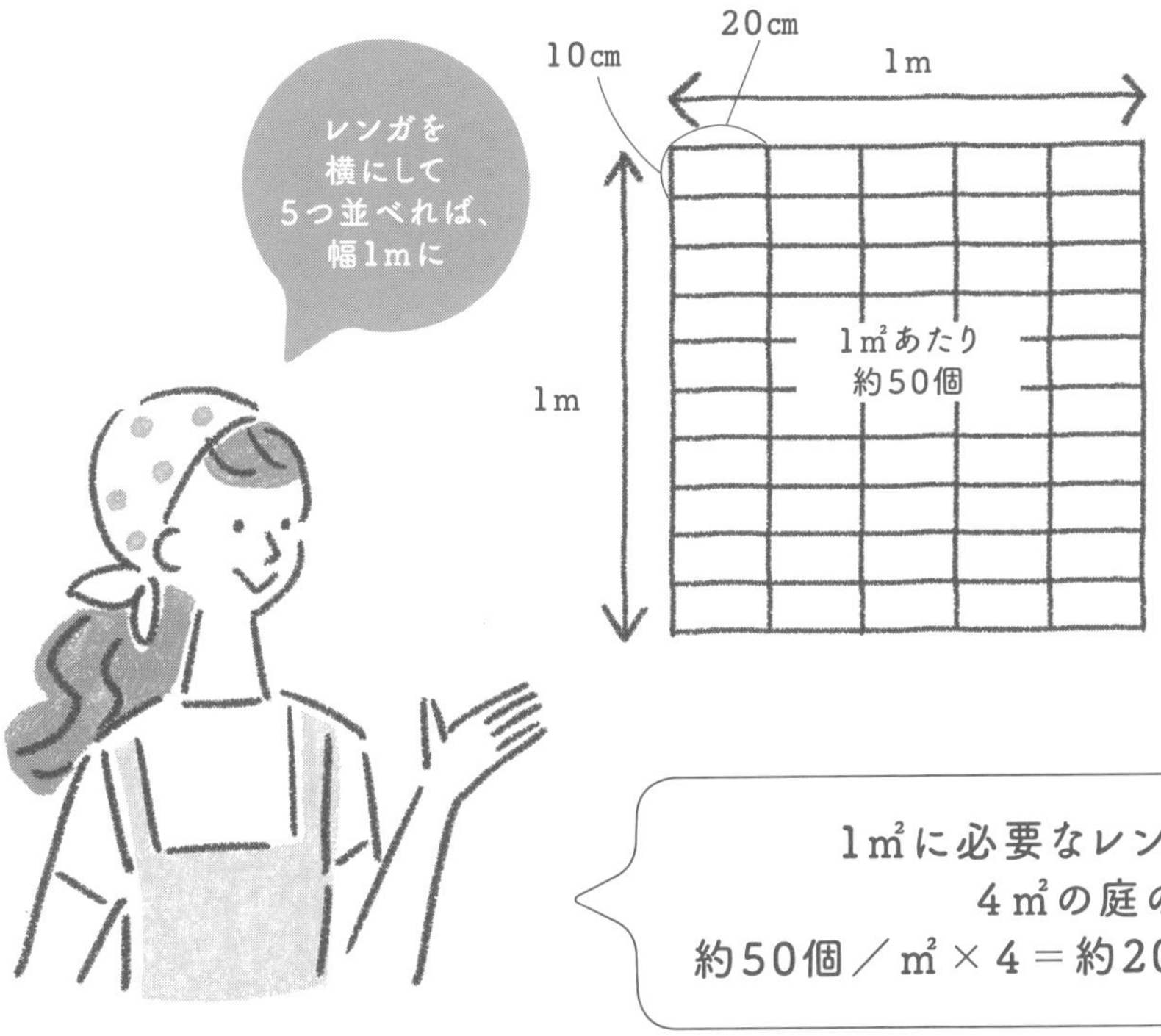

②必要なレンガの数を割り出す

標準的なレンガの長辺は約20㎝、短辺が約10㎝。これの倍数を基準に、敷きたい場所に必要なレンガの数を算出。1㎡なら約50個、4㎡なら約200個必要になる計算。

1㎡に必要なレンガは約50個。
4㎡の庭の場合、
約50個／㎡×4＝約200個必要となる計算。

③掘り起こす土の深さを算出する

レンガを敷く場合は、上にのるものの重量に合わせて路盤材の厚みを決める。人が通るアプローチなら、路盤材は6㎝ほどで充分。つまり、使用するレンガの高さ（5〜6㎝）と砂の厚さ約3㎝、さらに路盤材6〜10㎝をプラスした合計19㎝を掘っておく。

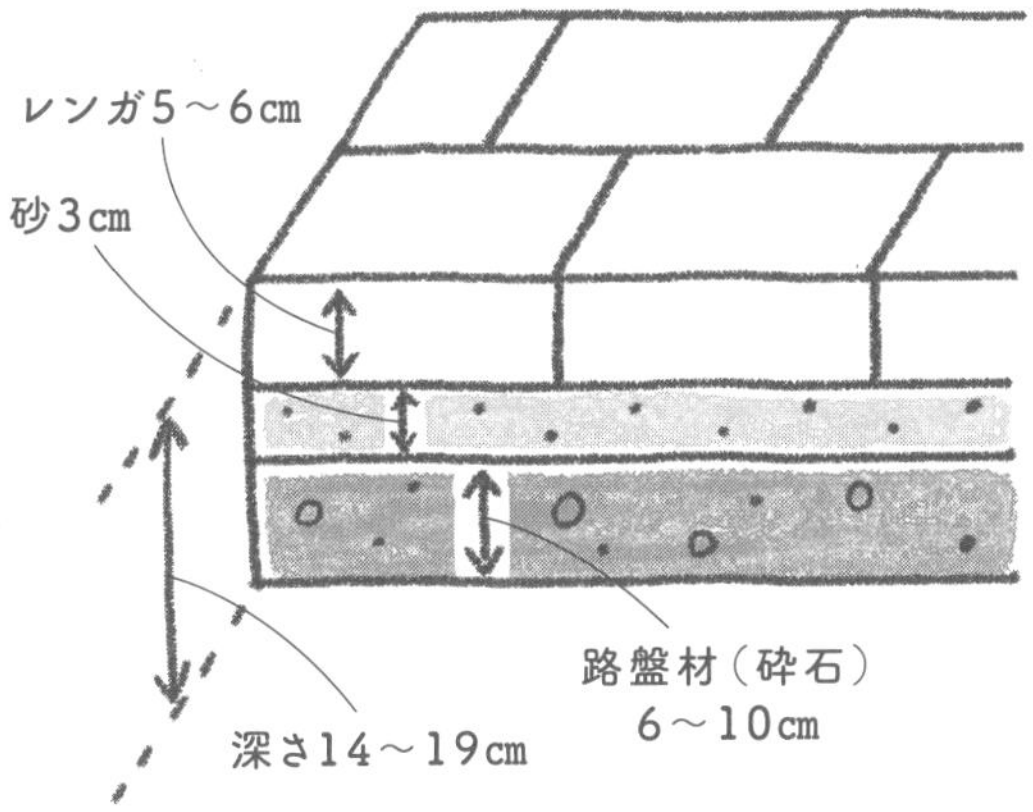

整然と敷くことができます。さらに横向きと縦向きで組み合わせやすくなるので、2つのレンガで正方形をつくるバスケットウィーブ、杉綾模様のような仕上がりのヘリンボーンなどにも挑戦しやすくなります。

最後に工程の⑨についてですが、目地には砂以外のものも使えます。水をかけると固まる浸透性土を使えば、コンクリートのようにすき間なく埋まるので、雑草が生えてくる心配がなくなります。そのほか、ガーデンストーンなど見た目にこだわった砂利を使うのもよいでしょう。

Attention

レンガは多めに購入しておけば見た目が損なわれるリスクが減る

実はレンガは同じ商品でも、微妙に風合いが異なってくるもの。そのため、足りなかったり破損した際など、あとで追加で購入すれば、同じテイストにならないケースが意外と多い。特に小さな庭では新たに追加したレンガが悪目立ちしがちなので、多めに購入しておくと安心。とはいえ一定量のレンガは重量や体積が相当なものになるので、購入量を決めるときは、運搬方法と保管場所も検討しておくこと。

← 次ページに続きます

④ レンガを敷く場所を③の深さに掘る

前ページの③で算出した深さになるように、スコップで穴を掘る。このとき取り出した土は花壇などで利用する。粘土質な土なら、パーライトなどの土壌改良剤を、砂質なら赤玉土を混ぜると、植物に適した土質に。

⑤ 路盤材を入れしっかりとつき固める

路盤材を入れ、タコを使ってしっかりと表面をつき固める。タコがない場合は、幅広な平板の上に乗って体重をかける方法も。ホームセンターによっては転圧機のレンタルができるので、うまく活用して。

⑥ 砂を3㎝厚に水平にならす

⑤の上に、ジョウロなどで湿らせた砂を入れ（3㎝厚が目安）、板で平らにならす。この時点で施工面の深さがレンガの高さと同じにならないと、仕上がり面が土面とフラットにならない。穴が深すぎた場合は砂を足し、板でならす作業を何度も繰り返す。

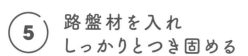

7

手前から奥へ
レンガを敷き込む

レンガとレンガの間にすき間ができないように、ていねいに敷いていく。このとき、手前から奥に向かって敷き詰めると、レンガの上に乗りながら作業ができてラクなうえ、体重で転圧にもなって一石二鳥。

8

ゴムハンマーで
なじませる＆
水平も確認

レンガを敷き終わったら、横から見て浮き沈みを確認する。浮きぎみのレンガは、上からゴムハンマーでたたくとおさまりやすい。逆に沈みすぎてしまったら、下に砂を足して調整。水準器でこまめにチェックを。

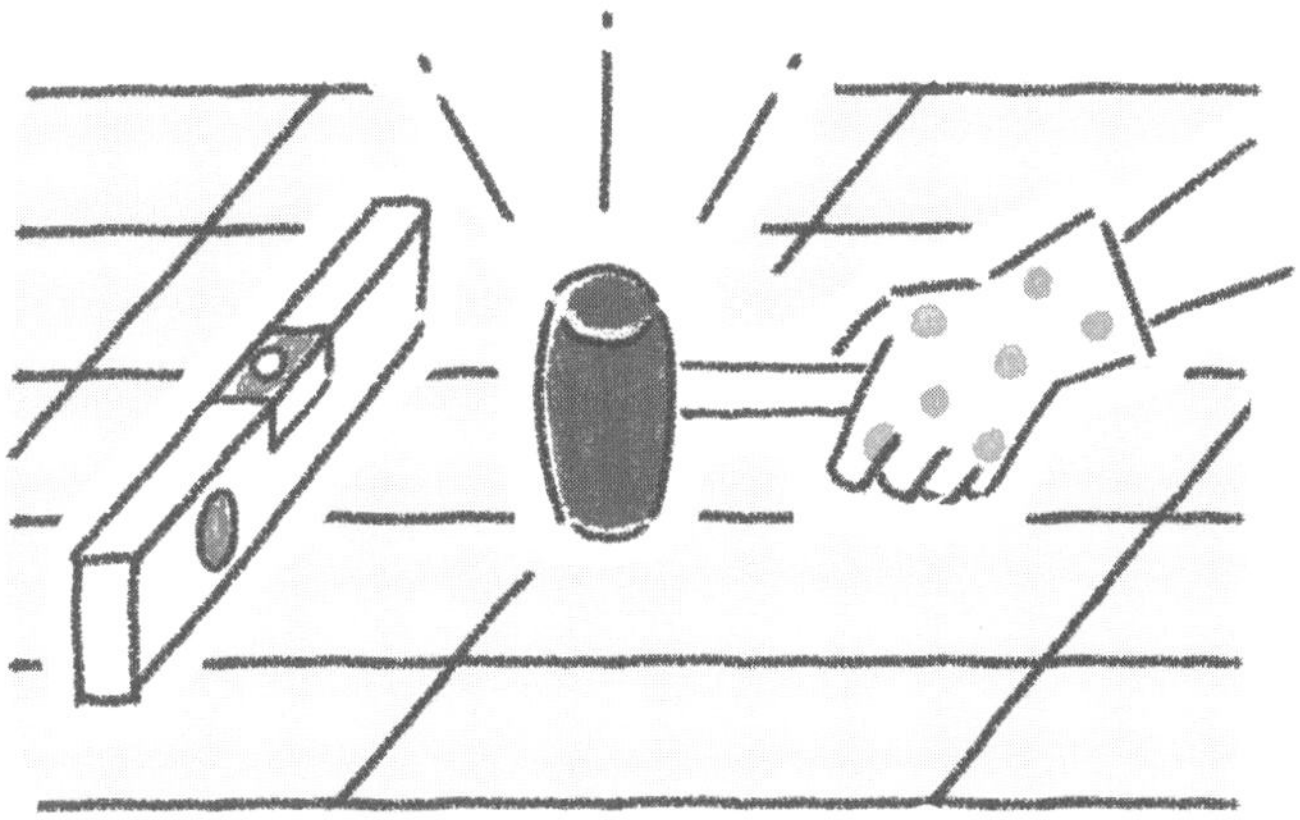

9

レンガの間に
砂を入れて安定させる

レンガの上に砂をまいてほうきで掃き、すき間を埋めてなじませる。そのうち砂が目地の奥へ落ちるので、何日か間隔をあけてこの作業を繰り返す。同時に水準器でレンガの浮き沈みを確認し、調整すること。

地植え花壇をつくる

レンガや枕木を積み上げてつくる花壇も素敵ですが、小さな庭では地植えの花壇も取り入れるべき。日当たりと風通しのよい場所を見つけて、自慢のコーナーをつくってください。

Attention

1㎡あたりの資材量の目安

堆肥：5～10ℓ
腐葉土：5～10ℓ
赤玉土：5ℓ
土壌改良剤：5ℓ

① 花壇の場所と大きさ、耕す範囲を決める

土の表面に落ちている石や、深く根を張った雑草をていねいに取り除く。次に、花壇にしたい場所の外周を軽く掘り、耕す場所の範囲、つまり花壇にしたいスペースを決める。

② スコップを深く差し入れて土を持ち上げる

土を耕すときは、まずスコップに足をかけて土に深く差し入れ、テコの原理で土を持ち上げる。この要領で、①で決めたスペースの土を30㎝ほどの深さまで掘る。

レンガや枕木を使った花壇は本格的な風格が生まれますし、庭を立体的に見せる効果があります。しかしながら小さな庭では、スペースに限界が。日当たりと風通しのよい場所を見つけたら、地植えにも挑戦してみましょう。

地植えの花壇は、しっかりと土づくりをすることが要。といっても、肥料を混ぜるだけではありません。植物の根が張りやすく、水を吸い上げやすい環境をつくり、その環境を長く維持できるように土を改良することが大事なのです。土づくりの作業のほとんどは、地面を耕したり石灰や腐葉土を混ぜ合わせる重労働。休憩をはさみながら、土を細かくほぐして空気をやさしく含ませてあげるイメージで、愛情をかけて質のいい土をつくりましょう。

なお、せっかくつくり上げた土も、風雨やふだんの水やりによって時の経過とともに流れ出てしまうもの。それでは植物もやせ細ってしまいます。地植え花壇の周囲にレンガなどの花壇材を設置し、そのほかのスペースと区切ってあげてください。

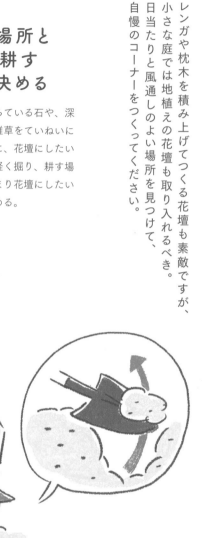

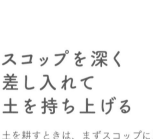

③ 持ち上げた土を切るようにほぐして耕す

持ち上げた土をスコップの先でザクザクと切るようにして、ほぐして耕す。土の塊はスコップの背を使って砕く。土の中から石や雑草の根が出てきたらこまめに取り除く。

④ 花壇全体を耕したら軽く土をならしておく

②～③を繰り返して全体を耕したら、いったん全体をスコップの裏面などで軽くならす。

⑤ 苦土石灰をまいて土とよく混ぜ合わせる

耕した場所全体に、薄く均一に苦土石灰をまき、スコップを使って土とよく混ぜ合わせる。石灰は水分を含むとすぐに固まるので、まいたら手早く混ぜること。※多くの草花は中性～アルカリ性の土を好むが、雨の多い日本では土中のカルシウム分が流れ出しやすく、酸性の土になりがち。そのため、石灰で中和し、土を中性～アルカリ性に近づける必要がある。

← 次ページに続きます

⑥ 腐葉土と堆肥をまいて土とよく混ぜ合わせる

⑤まで終わらせて1週間ほど経過したら、腐葉土と堆肥をまき、土とよく混ぜ合わせる。土質によっては、このときに赤玉土や土壌改良剤を混ぜ合わせること。

⑦ 花壇材を埋め込むための溝を掘る

耕した場所を囲むように、花壇材を埋め込むための溝を掘る。花壇材がズレると土が流出してしまうので、使用する花壇材の3分の1ほどの深さまで掘ると安定しやすい。

⑧ 花壇材を並べる

用意しておいた花壇材を溝に並べたら、花壇材と溝のすき間に土を入れ、外側を踏み固める。せっかくつくった土が流れ出さないように、しっかりと埋め込むこと。

⑨ 1週間ほど経過したら草花を植える

腐葉土や堆肥を混ぜ合わせた土づくりからさらに1週間ほど待機。土が落ち着くのを待ってから、草花を植える。

Chapter 7

春夏咲き・秋冬咲き・バラ・多肉植物・ハーブ・グラウンドカバー・花木&庭木

小さな庭におすすめの初心者でも育てやすい植物図鑑

ここでは、小さな庭でも元気に、
そして美しく育つ植物をご紹介します。
日本の高温多湿な環境でも花がつきやすいよう
改良された園芸種も多数、掲載しました。
〝緑の手〟に上達するまでは、
初心者向けの植物を積極的に選んでください。
ここで選んだ品種なら、庭づくり1年目から、
あなたの小さな庭を華やかに盛り上げてくれますよ。

CATALOGUE

春&夏

春から夏にかけて色鮮やかに花が咲き誇る、小さな庭におすすめの草花をご紹介しましょう。
なお、Ⓢマークは、育てやすく色鮮やかに花が咲くよう改良された
初心者にもおすすめな「サントリーフラワーズ」の園芸種です。

サンク・エール

クサトベラ科クサトベラ属／植え付け５月上旬〜７月中旬、開花５〜10月

夏の暑さに強い一方、涼しげな色調。まとまりがよく、花密度が高い。半日以上直射日光の当たる場所で、１㎡あたり５株が目安。ピンク、ライトブルーなど４色展開。摘芯も不要と育てやすい。草丈25〜30㎝。

サフィニア

ナス科ペチュニア属／植え付け３月上旬〜５月下旬、開花４〜10月／草丈15〜25㎝

花がたくさんつき、波打つように長く咲きあふれる。半日以上直射日光の当たる場所で、１㎡あたり４〜６株が目安。花色が紫、黄、赤など鮮やかな13色展開。花径は大輪が７〜10㎝、中輪４〜６㎝。

アズーロコンパクト

キキョウ科ロベリア属／植え付け３月上旬〜５月下旬、開花４〜10月／草丈15〜25㎝

初心者でも容易に夏越しができ、やさしくふんわりとまとまる花姿が魅力。半日以上日の当たる場所で、１㎡あたり９〜10株が目安。最初に摘芯を行うとまとまりやすい。青、白、ピンク、紫色などの６色。

ディモルフォセカ

キク科アフリカキンセンカ属／植え付け３〜４月、開花２月中旬〜６月上旬

早春から初夏まで咲き、６月には枯れる一年草。草丈20〜50㎝。黄・白・オレンジ・褐色の４色。よく日の当たる乾燥しやすい場所に植えること。そっくりなオステオスペルマムは多年草だが、育て方は同じ。

ストック

アブラナ科アラセイトウ属／植え付け９〜10月、開花3〜5月／黄・白・ピンク・紫色など

草丈20〜80㎝で、やさしい芳香。一重咲きから八重咲きまであってバリエーション豊富。日当たり、風通しのよい場所で、苗ごとに20㎝あけて植え付ける。根が傷つきやすいのでていねいに扱うこと。

サンパラソル

キョウチクトウ科マンデビラ属／植え付け４月中旬〜６月下旬、開花５〜10月

半日以上直射日光の当たる場所で育てる。クリムゾン、アプリコットなど６色展開。ツルの長さは1.5m前後。ゆっくり伸び、早く花が咲く。伸びてきたら支柱を立てると写真のように立体的な咲き姿に。

写真にⓈのマークの入った植物は、「SUNTORY FLOWERS(サントリーフラワーズ)」の園芸種です。ホームページhttp://suntory.jp/FLOWER/をごらんください。

宿根草

多年草の一種。低温や乾燥で地上部は枯れても根は生きている。多年草と違い、冬は地上部が枯れてしまうので、ガーデニングデザインの際に注意を。

多年草

種まきから開花、結実というサイクルを２年以上繰り返す植物。植え替えの手間がないので、花壇の前面、縁取り、ボーダー、区切り役などでも重宝。

一年草・二年草

種まきから発芽、開花、結実、枯れるまでのサイクルが一年のもの。二年草は二年のもの。植え替えは手間だが、毎年違う花を楽しみたい人におすすめ。

フェアリースター

キョウチクトウ科ニチニチソウ属／植え付け５月上旬～７月中旬、開花５～10月

花径２～2.5㎝の極小輪の小花がギュッと詰まって咲く。半日以上直射日光の当たる場所１㎡あたりに９～12株が目安。草丈20～30㎝。白、ピンク、コーラルなど６色展開。水の与えすぎに注意。

パンジー・ビオラ

スミレ科／植え付け10～12月、開花10～５月／パンジーはビオラよりやや大ぶりな花姿

白、赤、ピンクなど多彩な花色があり、さらには花びらによって色が異なる複色など多彩。草丈15～20㎝。風通しがよく日当たりのよい場所がベスト。花がらをこまめに摘むと、次々に花が咲く。湿気が苦手。

デルフィニウム

キンポウゲ科オオヒエンソウ属／植え付け10～12月初旬、または春、開花５～６月

もともとは宿根草だが、日本の高温多湿な環境に合わないため、多年草として育てる。草丈20～150㎝。さまざまに改良された品種があるが、日当たりと水はけ、風通しのよい場所に植えるとよいのは同じ。

KEYWORD

夏越し

昨今の温暖化の影響で日本の夏越しは年々、困難になっているので、いっそうのケアが必要。水やりは涼しい朝夕に。ただし水のやりすぎは根腐れを起こすので注意。梅雨期は高温多湿なうえに日照不足から徒長して姿が乱れがち。こまめな切り戻しで蒸れを防ぐ。花も咲き終わったらこまめにカットを。長雨のときは雨にあてない工夫を。コンテナや鉢などはひさしの下などに移動させるのも手。もちろん真夏も植物にはつらい時期。そもそも植物は30℃を超えると弱るので、病害虫にも侵されやすくなる。直射日光や西日を避けるためによしずなどを立てかけるとよい。

ミリオンベル

ナス科カリブラコア属／植え付け３月中旬～５月下旬、開花４～10月

約15色のカラーバリエーション、さらに３㎝ほどの小輪と４～６㎝の大輪の２種と、ミックスして育てればより鮮やかに！　半日以上直射日光の当たる場所で１㎡あたり５～６株が目安。乾燥ぎみに育てること。

マリーゴールド

キク科マンジュギク属／植え付け４月中旬～６月、開花４～12月／草丈20～100㎝

鮮やかな黄色やオレンジ色の花が長期間、次々と咲く一年草。日当たりと水はけのよいところなら、土質はあまり選ばないので育てやすい。ポタジェではコンパニオンプランツとして害虫を遠ざける役割も期待。

CATALOGUE

秋 & 冬

花も減ってどうしても寂しくなってしまうこの時季。
頑張ってカラフルに盛り上げてくれる定番品種と
「サントリーフラワーズ」の園芸種（Ⓢマーク）をご紹介します。

サフラン

アヤメ科クロッカス属／植え付け８月下旬～９月、開花10月中旬～12月上旬

紫色の花が愛らしい多年草。日当たりと風通しのよい場所に、10㎝ほどの間隔をあけて植える。土が乾いたらたっぷりと水を。初夏には茎葉が枯れはじめるので、少しずつ水を控え休眠させる。草丈10～15㎝。

クレマチス／テッセン

キンポウゲ科センニンソウ属／植え付け12～２月中旬、開花４月中旬～10月など

白、赤、ピンクなど色彩豊かでバラと相性がよいことからツル性植物の女王とも。ツルの長さは20～300㎝以上。日光を好むので、半日以上よく日が当たる場所がよい。一季咲き、四季咲きなど咲き方も多様。

ウインティー

サクラソウ科プリムラ属／植え付け11月中旬～２月中旬、開花１～４月

多くの花穂を上げてふんわりと咲きあふれ、厳冬期の救世主として定番に。１㎡あたり10～15株が目安。草丈40～60㎝。花径１～２㎝。場所は半日陰でも日向でもOK。写真の４色展開。水切れに注意を。

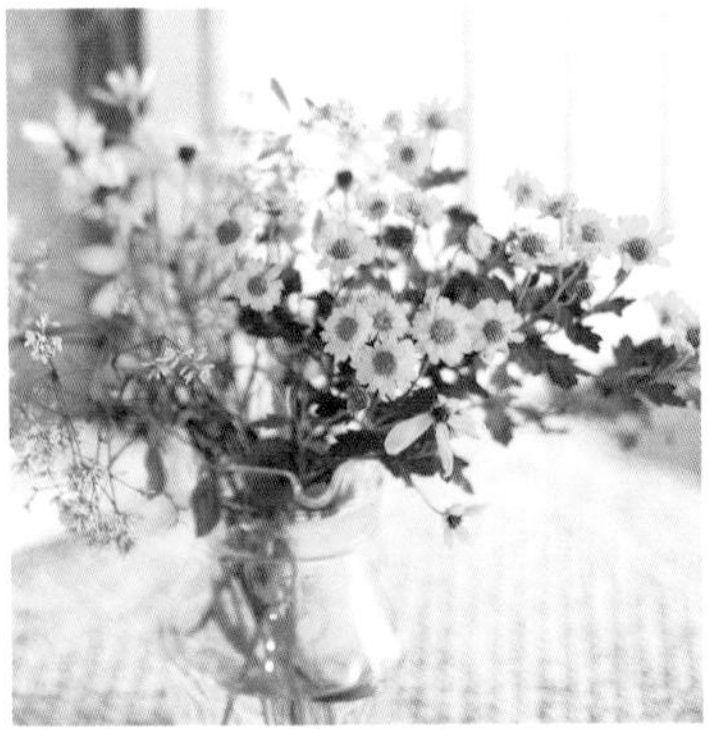

スプレーマム／ポットマム

キク科デンドランセマ属／植え付け３～５月、開花９～11月／多年草

白、ピンクなど色彩豊かで育てやすい。草丈10～50㎝。一段高くなった花壇（レイズドベッド）や傾斜地など水はけと日当たりのよい場所を好む。冬越しには、霜にあたらないように根元に堆肥を敷いて防寒を。

セレナーディア

サクラソウ科シクラメン属／植え付け11月下旬～12月中旬、開花11月中旬～２月

アロマのようなさわやかな香りと青紫系の上品な色調が特徴。日当たりのよい場所を好むが、直射日光は避ける。水やりは、冬季は午前中の暖かい時間に。土が湿っているときは不要。ギフト用としても人気。

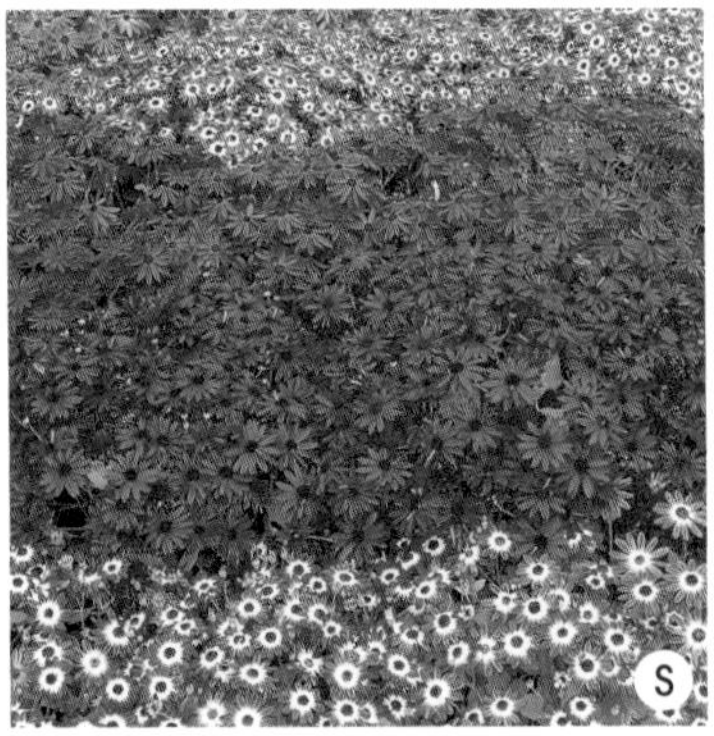

セネッティ

キク科ペリカリス属／植え付け９月中旬～10月下旬、開花11～５月

半日以上直射日光が当たる場所で、１㎡あたり９株が目安。草丈40～50㎝。花径５㎝。秋の庭に映える４色展開。寒さにも強く、次々に咲きつづけ、冬にも満開の花を楽しめる。花もちバツグンで救世主的存在。

写真にⓈのマークの入った植物は、「SUNTORY FLOWERS（サントリーフラワーズ）」の園芸種です。ホームページhttp://suntory.jp/FLOWER/をごらんください。

秋植え

宿根草や秋植えの一年草は耐寒性が強い品種が多く、地植えでも冬を越せるものが多数。春植えの植物は比較的寒さに弱く、冬越しには技術が必要。

10℃

耐寒性があるかどうかの基準は、最低気温が10℃であること。０～10℃なら寒さに応じて対策が必要な半耐寒性植物。10℃以上必要なら耐寒性なし。

耐寒力

植物は原産地によって寒さへの強さが異なる。ここで紹介した品種は比較的冬に強いとはいえ、基本、植物は寒さに弱いもの。ケアを心がけてあげて。

プリンセチア

トウダイグサ科ユーフォルビア属／植え付け４月、観賞12～２月

ブーケのような愛らしい見た目と色調。暑さと寒さに強く、丈夫で長く楽しめる。華やかな８色。八重咲きタイプも見ごたえあり。日当たりのよい場所を好み、水やりは土の表面が乾いたらたっぷりと。

プリムラ・オブコニカ

サクラソウ科サクラソウ属／植え付け９月、開花12～４月／多年草

花色豊富で開花期も長く、日当たりが多少悪くても育てやすい多年草。草丈20～30㎝。耐寒性が弱いので鉢植え向き。半日陰を好む。かぶれを引き起こすプリミン（アルカロイド）を含むので取り扱い注意。

ハボタン／葉牡丹

アブラナ科アブラナ属／植え付け５～９月、観賞11～３月／二年草・多年草

冬枯れの庭に彩りを添えてくれる貴重な種。初心者でも育てやすいカラーリーフで、草丈５～100㎝。よく日が当たる場所を好む。水やりは植え付け時にたっぷり与えたあとは、よほど乾燥しない限りは控える。

KEYWORD

冬越し

せっかく手をかけて育て上げた草花。上手に冬を越して翌年も楽しむためにはコツがある。植物は気温が下がってくると水をそれほど必要としないので、秋から水やりを控えて乾燥ぎみに育てると寒さに強くなる。また、寒さが本格的になる前に太陽の光をできるだけたくさん浴びさせること。寒さ対策としては、土の表面には、腐葉土やバークチップなどでマルチング（養生）を行うのが一般的。ビニール袋や不織布、包装用のクッション材（プチプチ）、段ボールなどで植物全体を覆うのも手。鉢植えなど移動可能なものについては、暖かい室内に避難を。

マーガレット

キク科モクシュンギク属／植え付け３～６月と９～10月、開花11～５月

関東以西で霜にあてなければ冬越し可能で、冬から春まで白、ピンク、黄色の花を楽しめる。草丈30～100㎝。南向きの日だまりなど、寒風の当たらない場所に植える。鉢なら梅雨どきは風通しのよい場所へ。

ボンザマーガレット

キク科アルギランセマム属／植え付け10～11月、２～４月、開花10～12月、３～６月

こんもりとまとまる花姿がインパクト大。８色展開。半日以上直射日光の当たる場所に１㎡あたり４～６株が目安。草丈30～40㎝。花径３～４㎝。株張30～40㎝。霜や雪にあてなければ関東以西で冬越し可能。

CATALOGUE

バラ

育てやすく小さな庭で映えるバラを「京成バラ園芸」さんに厳選してもらいました。
あなたの庭に調和するものをまずは1～2株ほど選んで、ミニローズガーデンをつくってください。

スウィート・ドリフト 鉢

四季咲き／八重咲き／花径４～５㎝／樹高0.4～0.7m／横張り性

明るい桃色で八重咲き。花径５㎝ほどの花が１枝に５～10輪の房になり、春から晩秋まで次々に咲きつづける。伸び始めは水平方向、枝が太ることで自然とこんもりとした姿に。地植えでも鉢でも育てやすく映える。

イルミナーレ ツル

四季咲き／丸弁平咲き／花径10㎝／樹高2.5m／ツル性

さわやかなライトイエローの大輪のツルバラで、大きく育つと房になる。耐病性に優れているので、初心者にも育てやすい。花弁数20～30枚と少なめだが、大きく育つとたくさん咲いてとても華やか。

アミ・ロマンティカ 半ツル

四季咲き／浅いカップ咲き／花径７～８㎝／樹高２m／半ツル性

花色は、白地にピンクの色のり。アーチやポールに絡めるのにぴったり。まっすぐ上に誘引しても３～５輪ほどの房が密につき、枝元から枝先までよく咲く。耐病性が高く、花弁質が強く、花もちがよい。

チェリー・ボニカ 庭

四季咲き／カップ咲き／花径７㎝／樹高0.7～１m／横張り性

初心者にも育てやすく、それほど手間をかけずに次々に絶え間なく咲く。ころんと丸い小ぶりの花で、咲きながら次の枝を成長させ、繰り返し花を咲かせる。樹形はこんもりコンパクト。うどんこ病や黒星病にも強い。

ダブル・ノック・アウト 鉢

四季咲き／剣弁高芯咲き／花径７～８㎝／樹高0.9～1.2m／半横張り性

丈夫さに定評がある、木立ち中輪バラ。丈夫で育てやすく、地植えではもちろん、株も大きくならないことから鉢でも楽しめる。夏の暑さにも病気にも強い。５月ごろから初冬まで咲きつづけて見ごたえがある。

ソレロ 半ツル

四季咲き／ロゼット咲き／花径７～８㎝／樹高1.5m／横張り性

レモンイエローの花は小ぶりなのに、非常に花弁数の多いロゼット咲き。従来の黄色のバラにくらべて耐病性に優れる。濃緑色の照り葉が、花色を引き立てる。その名のとおり、まさに太陽のような表情。

このページにご紹介したバラについては、「京成バラ園芸」にお問い合わせください。https://www.keiseirose.co.jp/ ※通販あり

木立性

ブッシュのこと。株が直立し、大輪四季咲きのハイブリッド・ティと、中輪房咲きのフロリバンダに大別される。樹高は0.6〜1.8ｍほど。

半ツル性

シュラブのこと。花つきがよく強健で、ツル性ほどは枝が伸びない。オベリスクなどに向いているので、小さな庭でも立体的にバラを咲かせられる。

ツル性

ツルバラ、クライミング、ランブラーのこと。株元からシュート（新しい枝）がツルのように長く伸びるので、壁や窓まわりをバラで飾ることもできる。

ポップコーン・ドリフト 鉢

四季咲き／丸弁八重咲き／花径４〜５㎝／樹高0.4〜0.5m／横張り性

花色は黄色から始まり、次第にクリームホワイトに変化。あふれるような花つきと病気や寒さ暑さにも耐える強健さから、初心者にもおすすめ。鉢のほか、庭植えやハンギングにも向いている。

ハンス・ゲーネバイン 庭

四季咲き／丸弁カップ咲き／花径６〜８㎝／樹高1.5m／半横張り性

ピンク色でカップ咲きの花が数個、房咲きに。花つきがよく、秋にもよく咲く。枝がかたく丈夫で、シュラブとしてはコンパクトに育つので、花壇や鉢植えに向く。照り葉でしっかりした葉は病気にも強い。

ディープ・ボルドー 庭

四季咲き／丸弁ロゼット咲き／花径８〜10㎝／樹高1.5m／直立性

樹勢が強く、枝はシュラブ状に伸びるが直立性で暴れず、冬の剪定で短く切り詰めれば木バラの樹形を保つことができる。耐病・耐寒性と香りをあわせもち、深紅な花姿が上品。花弁数50〜70枚。

KEYWORD

四季咲き

バラは咲き方で、四季咲き、繰り返し咲き、返り咲き、一季咲きの４タイプに分けられる。一季咲きの品種は冬の剪定でコンパクトに深く切り詰めると咲かなくなるので注意。四季咲きや返り咲きなどは芽が伸びだしてから花ができるので、剪定の失敗によって花の数は減ったとしてもまったく咲かないという事態はまれ。剪定で木の大きさを調整しやすいので、上級者向けといわれる四季咲きこそが、実は小さな庭に好まれる。なお、このページで紹介したのは、一見、上級者向けの四季咲きでありながら丈夫な品種を「京成バラ園芸」が厳選し、掲載したもの。

ラリッサバルコニア 庭

四季咲き／丸弁ロゼット咲き／花径８〜10㎝／樹高0.6m／半横張り性

桜ピンク色の大きめの中輪花が房になり、枝もたわわに咲く。うどんこ病・黒星病にも強く、初心者にも育てやすい。コンパクトながら花をたくさんつけ、鉢でもローズガーデンの趣を楽しめる。花弁数100枚。

ヨハネ・パウロ・2世 鉢

四季咲き／半剣弁高芯咲き／花径11〜13㎝／樹高1.5m／直立性

白バラには珍しい、花の大きさ、ボリューム感、花形のすべてに優れたバラ。多湿な環境でも花弁にしみがつきにくく、美しい姿を保つ。生育力旺盛で耐病性があり、濃緑色の葉が花の色を引き立てる。

CATALOGUE

多肉植物

水やりの回数も少なめでいい、寒暖差にも日陰にも強いとあって、小さな庭では名脇役に。

そんな多肉植物はコンテナで寄せ植えにするほか、花壇の余白を埋めてもらうなど出番は多い。

黒法師《くろほうし》／アエオニウム

別名サンシモン／ベンケイソウ科
アエオニウム属／冬生育型

強光下で育てると、つやのある濃い黒紫色の葉になる。とはいえ日本の夏の暑さには弱いので、風通しをよくするなどの工夫が必要。剪定の仕方により、形よく分枝させることもできる。種によっては夏生育型に。

グリーンネックレス

別名緑の鈴／キク科セネキオ属／
夏生育型

観葉植物としてもおなじみの人気種。球形の葉を細い茎に鈴なりにつけ、どんどん伸びて下垂する。水やりはやや多めがよい。半日陰を好む。フェンス・板壁に下げた鉢からハンギングさせると、より映える。

エケベリア

ベンケイソウ科エケベリア属／
春秋生育型

色鮮やかな葉が重なってロゼットを形成。晩秋から春にかけて日によく当たると葉がきれいな紅葉色に染まり、初春から夏にかけては小さな花を咲かせる。一年を通してさまざまな姿を楽しむことができる。

セダム

ベンケイソウ科マンネングサ属／
春秋生育型

400種以上の仲間がある多肉植物。生育形態もマウンド状に群生するもの、茎が下垂するもの、茎が上向きに群生するものなど多種多様。屋上緑化にも積極的に利用されており、見事な緑のカーペットになる。

白牡丹《しろぼたん》

別名プロリフェラ／ベンケイソウ科
グラプトベリア属／夏生育型

白から薄い桃色の肉厚の葉が比較的詰まったロゼット状で、ボリューム感たっぷり。初心者向け。朧月とエケベリア属「静夜」の交配種。最近の人気の仕立て方は、写真のようにあえて暴れさせるスタイル。

七福神《しちふくじん》

ベンケイソウ科エケベリア属／
夏生育型

形のよいお椀形に、丸い葉を花びらのように広げる。昔から民家の軒下などで育てられていたほど丈夫。葉の中心に水をためないようにするのが、栽培のポイント。春秋は庭植えに、夏と冬は鉢に移して室内へ。

冬生育型

南アフリカや高山を自生地とする種。9月～翌4月の冷涼な季節に生育（酷寒期は除く）。植え替えは9月ごろに。5～8月の休眠期は、蒸れに注意を。

夏生育型

多肉植物の大半はこちら。4～9月の温暖な季節に生育（酷暑期は除く）。植え替えは3月中旬～4月に。11月～翌3月の休眠期には水をやらない。

生育期

多肉植物は夏生育型と冬生育型に大別され、それぞれに生育が停止する休眠期がある。この時期はしっかり休ませなければ、株が徐々に弱ってしまう。

バニーカクタス

別名白桃扇／サボテン科オプンチア属／夏生育型

日当たり・風通しのよい場所を好む。乾燥に強いので、土が完全に乾いたら水をやる。冬は水やりを控える。愛らしいウサギの姿に見えるとあって、庭のアクセントとしても人気に。丈夫で育てやすいサボテン。

ハートカズラ

別名ラブチェーン／ガガイモ科セロペギア属／春秋生育型

愛らしいハート形の葉、独特の網目模様が特徴。見た目によらず意外と丈夫で、真夏の直射日光にも耐え、乾燥にも強い。鉢をハンギングするほか、壁面を彩るのに重宝。ツルが長く伸びすぎたら、適宜、切り戻しを。

センペルビウム

別名紅牡丹／ベンケイソウ科センペルビウム属／春秋生育型

比較的大きな葉で、大輪の花のような印象。つやのある赤銅色が渋く、差し色としても人気に。比較的丈夫で、初心者向き。高温多湿には弱い。地植えにする場合は水はけがよく、夏場に半日陰になる場所がよい。

KEYWORD

葉挿し・株分け

育てやすさで知られる多肉植物だが、長期間、土の入れ替え（植え替え）をしないと、栄養不足で枯れてしまうことも。生育期に、年に1度は植え替えをしてあげて。環境がよければ、多肉植物はふやすのも簡単。葉挿しは、株から葉をはずして、用土の上にのせるだけ。3～4日おきに霧吹きで水をやれば、数週間後に根・新芽が発生する。根元に仔株ができる種なら、株分けでふやす。まず根を半分にカット。仔株を取り分け、傷んでいる根を整理して3～4日乾燥。その後、植え付ける。肥料の与えすぎは百害あって一利なし。液肥を2～3倍に薄めるくらいで充分。

紫《むらさき》御《ご》殿《てん》

別名パープルハート／ツユクサ科トラデスカンチア属／夏生育型

強光下で葉が鮮烈な紫色になる。関東以西では地植えできる品種として定番に。茎は直立するが、成長するにつれて倒れてほふくする。※以前はセトクレアセアに属していたので、その名前で販売されることも。

ポーチュラカリア

カナボウノキ科ポーチュラカリア属／夏生育型

同じ仲間に、斑入り品種の「雅楽の舞」「銀杏木」などが。80㎝近くまで育つこともあり、大株になると幹が太くなり、脇芽もふえて、堂々とした姿に。できるだけ日の当たる風通しのよい場所で育てる。

※多肉植物の場合、店頭では学名ではなく、別名や科名、属名で販売されることが顕著で、呼び名・流通名もケースバイケースで変わります。

CATALOGUE

ハーブ

その見た目で庭の雰囲気をつくってくれるうえ、暮らしにも役立つありがたさ。

ハーブは楚々としたたたずまいのわりに庭の端っこやベランダでも育つ丈夫さも魅力です。

セージ

多年草／収穫期３～11月／
草丈20～150㎝

古くから薬用として用いられてきたが、花を観賞（８～10月）する場合はサルビアという名で呼ぶことが多い。日当たりと風通しのよい場所を好む。大きく茂るので、成長するスペースを確保して植え付ける。

アップルミント

多年草／収穫期は一年じゅう／
草丈30～60㎝

日向を好むものの、半日陰でもよく育つ。生育力旺盛で、株間を広めにとって植えるとよい。収穫を兼ねて、切り戻しをしながら育てるのがコツ。ミント系は仲間も多く、育て方はこのアップルミントに準ずる。

アーティチョーク

多年草／草丈1.5～２ｍ、
葉50～80㎝／収穫期５～６月

乾燥に強く、あまり肥料も必要としないので育てやすい。つぼみのサイズが10～15㎝程度になった開花直前の時期に収穫する。基本的にほったらかしでも育ってくれるが、わずか１カ月の旬を逃さないように注意。

パセリ

二年草／収穫期３月～12月半ば／
草丈10～30㎝

日がよく当たり、風通しのよい場所を好む。ただし真夏の直射日光には弱い。ポット苗は３～４株が寄せ植えされているが、無理に分けると根が傷む。そのまま根を崩さないように植えるとよい。花期は６～７月。

バジル

一年草または多年草／収穫期５～10月／
草丈30～90㎝

日当たりがよく、排水性のよい場所を好む。地植えでは株元が木化して大きく育つので、株間を40～50㎝ほどとる。苗の段階で摘芯を繰り返すと、枚数がふえてもりもりとした印象になり、庭を盛り上げてくれる。

タイム

多年草／収穫期は一年じゅう／
草丈15～40㎝

種類が多く、直立するタイプと這うようにカーペット状に広がるほふくタイプに大別。株元の通気が悪いと枯れやすいので、まめに切り戻しや茎葉をすき、風通しをよくする必要がある。花期は４～６月。

秋&冬

気温が低くなると水やりの回数をぐっと減らし、乾燥ぎみに育てる。耐寒性があっても、霜には注意。防寒は、株元をワラや腐葉土で覆って保温する。

夏

多くのハーブは冷涼で乾燥を好むため、日本の高温多湿が苦手。梅雨前に茎をすいたり間引いて、株元の風通しをよくすることを心がけて夏を乗り切る。

春

植え付けのベストシーズン。基本的に生育力旺盛なので、スペースをゆったりとる。摘芯・切り戻しもこの時期に行うと、枝葉がふえて収穫量もふえる。

ルッコラ

一年草／収穫期4～6月／
草丈20～100㎝

種から育てるのも簡単。日がよく当たり、風通しのよい場所に種をばらまきし、葉が触れ合うようになったら間引きをして、株間を20㎝ほどにする。春まきでも秋まきでも育てやすい。花期は5～6月。

ラベンダー

常緑低木／収穫期5～8月半ば／
草丈20～100㎝

日当たりがよく、風通しと排水性のよい場所を好む。風通しをよくするため、土を盛って高めの畝をつくって植え付ける。真夏の高温多湿には弱く、水のやりすぎは厳禁。収穫を兼ね、こまめに切り戻しをすること。

フェンネル

多年草／収穫期は一年じゅう／
草丈100～200㎝

日がよく当たり風通しのよい場所を好む。5℃以上なら冬越しも簡単。大きく育った苗は根付きにくいので、小さめを選ぶ。地植えでは株間を60㎝以上とる。草丈が高くなるが移植は苦手なので、最初が肝心。

KEYWORD

株分け・水挿し

ハーブをふやすのは、株分けと挿し木の2種類が定番。株分けは、根を傷めないように土中から掘り出し、2～3株に分ける。古い根はハサミでカット。茎や葉も切り戻してコンパクトに整えたら、土の表面からちょっと深めに植え付けて水をたっぷり与える。春か秋に行うのがおすすめ。水挿しは、まずハーブの枝先を8～10㎝ほど切り取る(断面は斜めに)。下葉も取り除き、残った葉が水につからない程度までコップに水を入れ、そこに挿す。1週間ほどで発根するので、ていねいに土に定植する。水ではなく、培養土に挿して発根させる方法もある。

ローリエ

常緑高木／収穫期は一年じゅう／
草丈30㎝～10m

寒さ暑さに強く、生け垣に活用されるほど丈夫。植え付けは春先に販売される苗木を、日当たりと排水性のよい、乾燥ぎみの場所に。枝が込み合うと風通しが悪くなり、葉が枯れたり害虫が発生しやすいので注意。

ローズマリー

常緑小低木／収穫期は一年じゅう／
草丈20～150㎝

日当たりと風通しのよい場所に、株元の土をやや盛り上げて植え付ける。風通しが悪いと蒸れて下草が黒くなって枯れてしまう。猛暑の前に、収穫を兼ねて切り戻す。花期は7～11月。ほふく性は縁取りにぴったり。

CATALOGUE

グラウンドカバー

グラウンドカバーとは、地表や壁面を覆う背の低い植物のこと。
丈夫な植物が多いので、小さな庭づくりの最初に手がけると自信がつきそう。

オキザリス

一年草・多年草／花期は品種によって異なる／草丈５～30㎝

カタバミ科・オキザリスは800種以上の仲間を有する大グループ。品種によって花期も草丈も異なる。葉もハート形や三つ葉、細葉や卵形と多彩。丈夫で旺盛な繁殖力があり、グラウンドカバーにぴったり。

エリゲロン

多年草／開花４～８月／草丈15～50㎝

キク科。１株に白とピンクの小花が混在する。和名は源平小菊。とても丈夫で広がるように成長していく。環境が合うとこぼれ種でもどんどんふえていくので、コンクリートの割れ目から発芽することも。

アイビー／ヘデラ

宿根草・多年草／ウコギ科キヅタ属／ツル性植物／長さ10m以上

園芸品種が数百にもおよぶうえ、住宅街の外壁や電柱まわりでもごく普通に見られるほど定番。壁や樹木に張りついて成長するので、立体的にカバーしてくれる。日陰にも強く、初心者にも育てやすい。常緑性。

ヒューケラ

多年草／開花５～７月／草丈20～80㎝

ユキノシタ科。日陰でもよく育ち、シェードガーデンのフォーカルポイントに。葉色はバラエティ豊かで、常緑性でほぼ一年じゅう同じさまを保つ。花茎は１m近く伸び、やがて茎が立ち上がって低木のような姿に。

ヒメツルソバ

多年草／開花７～11月／草丈10～50㎝

タデ科。ロックガーデンなど乾燥地でよく育ち、野生化してアスファルトなどのすき間から芽吹くほどの繁殖力。茎がほふくし、土に接した節から発根して広がっていく。直径１㎝ほどのピンク色の小花が咲く。

ギボウシ／ホスタ

多年草／開花７～８月／草丈15～200㎝

キジカクシ科。日陰向きの植物のなかではカラーリーフとして存在感がある。花茎はまっすぐか斜めにぐんぐんと伸びて、白・淡紫色の花をたくさんつける。冬には落葉して地上部がなくなってしまうので注意。

剪定

グラウンドカバーの剪定は、気になる部分だけを掘り起こし、ハサミなどでカットを。ツル性の場合は、伸びすぎた部分をカットすればOK。

デメリット

繁殖力が高いため、想定している場所を越えて侵食してしまったり、ときには隣家まで根・茎を伸ばしてしまうこともあるので、注意すること。

5つの役割

グラウンドカバーには、地表を隠す、庭石の根締め、降雨による泥はね防止、土壌流出の抑制、そして雑草が生えることを抑えるという5つの効果がある。

ベビーティアーズ

別名ソレイロリア／イラクサ科／開花6～7月／草丈5～10㎝

赤ちゃんの涙のようにかわいい葉っぱが特徴。うまく根付くと力強く成長し、簡単には枯れない。葉や根がやわらかいので、ほかのグラウンドカバー植物にくらべて、はがしやすい利点も。直射日光は避ける。

プミラ

クワ科フィカス属／常緑性の低木

茎は立ち上がるのではなく、這うように伸びていったり、壁やほかの樹木をよじのぼっていく性質から、人気に。日当たりのいい場所では元気に成長し、葉の色もよくなる。直射日光は葉焼けを起こすので注意。

フェスツカ・グラウカ

多年草／開花6～7月／草丈20～50㎝

耐寒性に富む常緑多年草で、冬でもこのシルバーがかかった美しい葉姿を観賞できる。冬花壇の人気者。ロックガーデンのような水はけがよく、乾燥ぎみの場所を好む。シルバーグラス、青ひげとも呼ばれる。

KEYWORD

芝生

グリーンカーペットこと芝生ももちろん、グラウンドカバーの一種。日本芝と西洋芝の2つに大別されるので、環境に合わせて選ぶ。芝の成長には土質も大きく影響するため、スコップに張りついてくるような粘土質なら腐葉土やパーライトなどを混ぜる。砂質の場合は、腐葉土や堆肥などをすき込んで土壌改良する。無事に定着したあとも、5㎝ほどの草丈になったら芝刈りを行うなどのメンテナンスが必要。このページで紹介したグラウンドカバーにくらべると圧倒的に手間がかかるのが難点。最近は本物そっくりな人工芝もふえているので、実際に店頭で比較検討を。

ワイヤープランツ

多年草／開花5～6月／草丈30～50㎝

タデ科。小さくてつやのある葉をつけた針金のような茎が横に這って長く伸び、旺盛に茂る。日向でも半日陰でもよく育つ。とても丈夫だが、水切れ、肥料詰まり、葉詰まりを起こすと一気に弱るので注意。

リュウノヒゲ／ジャノヒゲ

別名タマリュウ・玉竜・ヤブラン
キジカクシ科／ジャノヒゲ属

日本各地で自生する常緑の多年草。細長い葉が地面を這うようにこんもりと茂って広がる。草丈10～40㎝。日向から日陰まで場所を選ばず、植えっぱなしでもよいなど、非常に手がかからないことで知られる種。

CATALOGUE

花木・庭木

庭のシンボルに、草花のパートナーに……
小さな庭だからこそ、主役として1本、選んでみてください。見違えるほど庭が立体的になって華やかになります。

スモークツリー

ウルシ科ハグマノキ属／落葉高木／樹高３～４ｍ／開花６～８月

別名ケムリノキ。初夏に咲く花木の代表。紅葉も見どころ。成長が早く、枝が横に張る。横に広がりすぎたら、こまめに剪定を。日当たりと水はけがよい場所を選ぶ。根が浅いので、強風が当たらない場所がよい。

オリーブ

モクセイ科／中低木／樹高２ｍ以上／収穫期10月下旬～11月中旬

日当たりがよく、水はけ、水もちのよい場所を好む。銀葉が美しく、樹勢が強いのでシンボルツリーにぴったり。地植えの場合、土質によるものの苗木や植え付け直後の木を除けば、水やりはほとんど不要に。

アジサイ

アジサイ科／落葉低木／樹高２ｍ／開花６～９月上旬

日本産で、今や世界じゅうで愛されている花木。梅雨どきに咲く。丈夫で乾燥にさえ留意すれば、地植えでも鉢植えでも育てやすい。落葉性。日陰でも育つが、花つきをよくするなら日当たりのよい場所に。

ユーカリ

フトモモ科／常緑高木／樹高５～70ｍ

日当たりと風通しがよい場所で、水はけのよい用土を選ぶ。乾燥ぎみを好むので、地植えの場合は根付いてからは特に水やりは不要。植え付け時に元肥をたっぷりとあげていれば、追肥も不要と手間いらず。

レモン

ミカン科ミカン属／高木／樹高２～４ｍ／収穫期10～４月

柑橘類のなかでは耐寒性が弱いが、温暖化もあって育てやすくなっている。しかも農薬もほとんど不要。日当たりのよい場所を好む。上手に育てれば１本の木に200～300個の実がなり、長期間利用できる。

ミモザ／アカシア

マメ科アカシア属／樹高５ｍ以上
開花３～４月

銀色がかったグリーンの葉（シルバーリーフ）と、春先に咲く黄色の花の美しさから、庭木として人気に。風通しがよく日当たりのよい場所を好む。移植を嫌うので、地植えしたらもう、動かさないこと。

「花と木の名前」1200がよくわかる図鑑（主婦と生活社刊）より

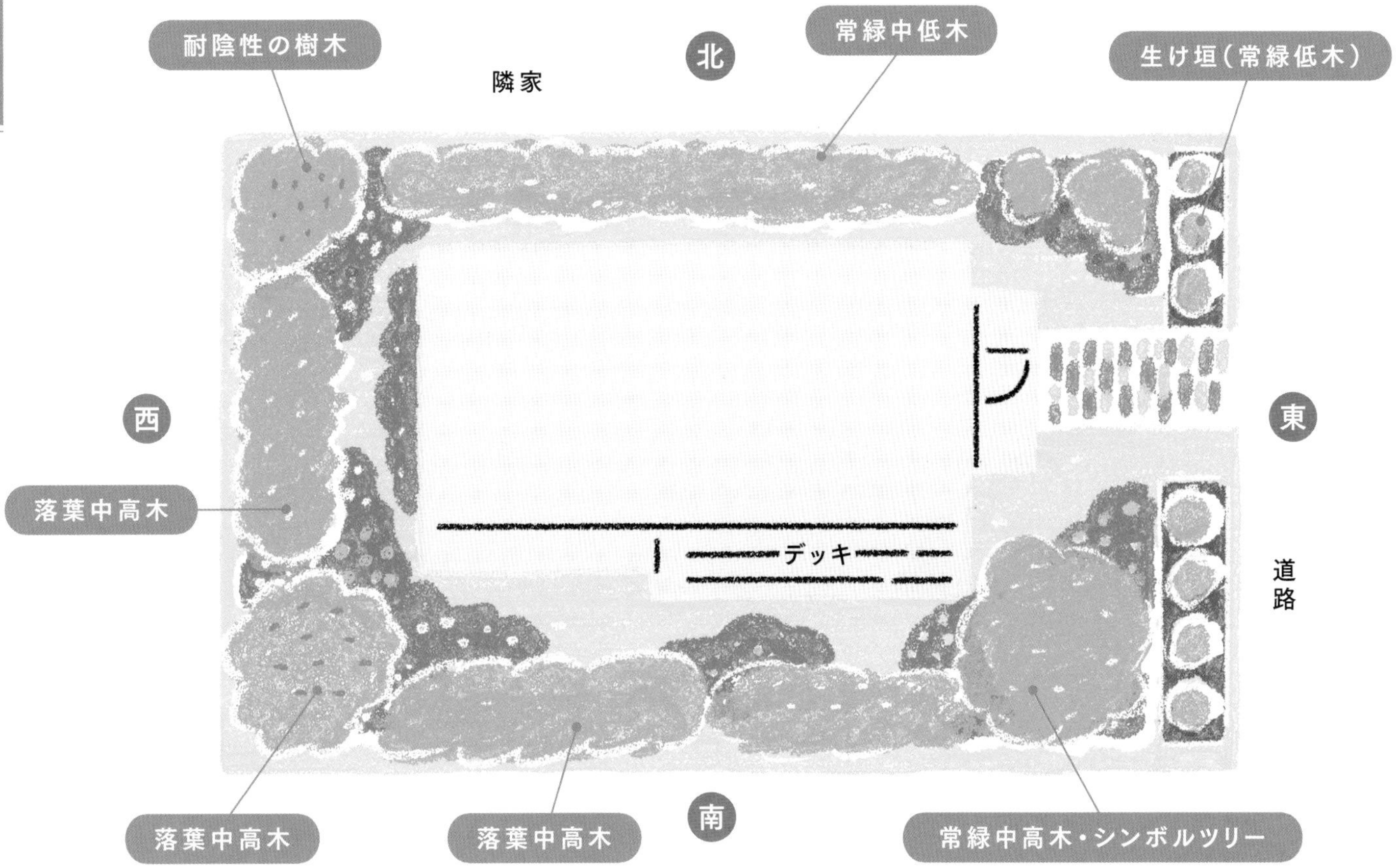

北

隣家に落ち葉が行ってしまうことがないように、常緑の中低木を選ぶ。いちばん育てにくいゾーンだが、何もないと寂しいので、よく検討を。

南

あなたの好みをいちばん発揮しやすい場所。落葉性の樹種を選ぶと夏は目隠しとなり、冬は採光に貢献してくれる。四季を楽しんで。

西

落葉樹を選ぶことで真夏の西日を遮り、冬は暖かい日差しが注ぐゾーンに。日陰になる北寄りの角は、耐陰性のある樹木を選ぶとよい。

東

玄関まわりには建物との調和や周辺の景観も考慮して、生け垣やシンボルツリーなどをチョイス。道路側に落葉樹の植栽は避けること。

小さい庭では、ボリュームのない草花ばかり植えるほうがよいと誤解されている人も多いようです。しかし、パーゴラなどの大きめの構造物や高さのある木を主役に据えれば、庭に立体感とまとまりが生まれます。小さな庭だからこそ、高低差のある演出が必要なのです。

庭木を選ぶ際は、高さや樹形、株張りなど、成長後を想定することが大切。特に小さな庭では植えるのは1本だけの場合も多いので、家と庭の雰囲気に合うものにしましょう。

植え付けの場所も大切です。隣家との境界線に高木を植えると、ご近所が常に日陰になってしまったり落ち葉が降り注いだりと、迷惑をかけてしまう場合も。庭木はほかの植物を選ぶときよりもいっそう、ご近所への配慮が必要なのです。

植え付けの時期は、落葉樹は休眠期の冬、常緑樹は春と秋が基本です。ただし、樹木によっては異なる場合もあるので、必ず確認してください。

庭木は一度根を下ろすと、植え替えは容易ではありません。樹形がまとまりやすく、葉や花の美しさを長く楽しめて、そしてあまり手間がからないものを探しましょう。

STAFF

監　修　遠藤昭（p.24～49、70～71、97～112）
協　力　サントリーフラワーズ株式会社
京成バラ園芸株式会社
取　材　小山邑子　河村ゆかり
伊藤嘉津子　新田恵子
撮　影　砺波周平　根岸佐千子
飯貝拓司　木谷基一　山口敏三
デザイン　小林宙（カラーズ）
イラスト　miri
校　閲　河野久美子
進　行　福島啓子
編　集　高橋薫

小さな庭を自分でつくる簡単アイデア

編集人　八木優子
発行人　倉次辰男

編　者　株式会社主婦と生活社
発行所　株式会社主婦と生活社
〒104-8357　東京都中央区京橋３-５-７
編集部　03-3563-5455
販売部　03-3563-5121
生産部　03-3563-5125
https://www.shufu.co.jp/

製版所　東京カラーフォト・プロセス株式会社
印刷所　凸版印刷株式会社
製本所　下津製本株式会社

ISBN978-4-391-15605-8

インテリア＆ライフスタイル誌『私のカントリー』（年２回発行）では、毎号、ガーデニング企画にも力を入れています。弊誌に掲載を希望してくださる方は、mycountry@mb.shufu.co.jpまで、庭の様子や工夫したこと、アピールポイントなどを写真とともにお送りください。お待ちしています。

本書は、『私のカントリー』に掲載された記事をもとに再編集して構成したものと、新規取材で構成しています。再掲載を快諾してくださったみなさま、および当時、編集に携わってくれたスタッフに、心より御礼申し上げます。
なお、掲載した庭は、プロフェッショナルによるものではなく、暮らしながら日々、植物に愛情をこめてつくられたものです。その住まいには合った施工でも、すべての住宅環境で実現可能とはかぎらないことをご了承ください。また、花の名前や施工方法、製作費なども、取材当時のご本人の記憶に基づいて記載しております。